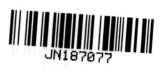

主体的・対話的で深い学びを促す中学校・高校国語科の授業デザイン

アクティブ・ラーニングの理論と実践

稲井 達也
吉田 和夫 編著

学文社

執筆者

稲井　達也	（日本女子体育大学教授）	〈第１部第１章・第４部１章〉
山下　　直	（文教大学准教授）	〈第１部第２章〉
有働　玲子	（聖徳大学教授）	〈第１部第３章〉
吉田　和夫	（玉川大学客員教授）	〈第１部第４章・第４部５章〉
藤田　晋司	（愛媛県今治市立日吉中学校校長）	〈コラム①〉
伊東　峻志	（東京都世田谷区立武蔵丘小学校教諭）	〈第２部第１章〉
岩田　美紀	（東京都稲城市立稲城第四中学校教諭）	〈第２部第２章〉
細井　千恵	（東京都新宿区立西新宿中学校教諭）	〈第２部第３章〉
大島かや子	（東京都立両国高等学校附属中学校教諭）	〈第２部第４章〉
井出明日香	（愛媛県今治市立日吉中学校教諭）	〈第２部第５章〉
人見　　誠	（東京都目黒区立東山中学校主幹教諭）	〈第２部第６章〉
新井　涼子	（東京都目黒区立第十中学校教諭）	〈第２部第７章〉
渡辺　雅美	（東京都中央区立日本橋中学校主幹教諭）	〈第２部第８章〉
松崎　史周	（日本女子体育大学専任講師）	〈コラム②〉
小沢　貴雄	（文化庁）	〈第３部第１章〉
高松　美紀	（東京都立国際高等学校教諭）	〈第３部第２章〉
高橋　幸平	（東京都立向丘高等学校教諭）	〈第３部第３章〉
畑　　綾乃	（東京都立小石川中等教育学校教諭）	〈第３部第４章〉
沖　奈保子	（東京都立両国高等学校教諭）	〈第３部第５章〉
小川　一美	（東京都立大森高等学校教諭）	〈第３部第６章〉
菊池　陽子	（東京都立江戸川高等学校教諭）	〈第３部第７章〉
高見　京子	（香川大学、徳島文理大学兼任講師）	〈コラム③〉
中村　純子	（東京学芸大学准教授）	〈第４部第２章〉
影山　陽子	（日本女子体育大学准教授）	〈第４部第３章・コラム④〉
亀井　浩明	（帝京大学名誉教授）	〈第４部第４章〉

（執筆順、所属は原稿執筆時）

読者のみなさんへ

日本の教育改革は、経験主義教育と系統主義教育の間で振り子のように揺れる状況を繰り返してきたという印象が私にはどうしてもある。

批評家・福田恆存の言葉を紹介する。

> 教育の力で社会や人間を変へうるなどといふ妄想はいだかぬがいいのです。近代になつて、どれほどたくさんの教育理論がつぎつぎに打ちたてられ、それによつて人間や社会が造りかへられるといふ妄想が人々を支配してきたことか。妄想は教場を実験室化し、生徒をモルモットにする。教育はもつとも実験室化してはならぬものでありながら、もつとも実験室化しやすいものだからです。それにもかかはらず、時間は妄想をふるひおとし、結局は知識と技術の伝達や訓練だけを残していくでせう。

この言葉を現代に当てはめれば、ICT教育しかり、デジタル教科書しかり、プログラミング教育しかりと、枚挙に暇がない。しかし、国際標準といえるものはICT教育だけであり、日本の教育がガラパゴス化しているという印象は拭い切れない。アメリカやオーストラリアではICT教育が進み、タブレット端末では小学生用に、中高生にはコンピュータを全員に所有させたうえでの活用が進められている。黒板で教師が説明するタイプの授業は遺物と化しつつある。

しかし、国際標準（といっても、一部の先進諸国に限られているが）が良く、ガラパゴス化が悪いとは限らない。ICT教育にしても、緒についたばかりである。技術のほうが教室の現実よりも先行しているだけであろう。日本には日本の教育の良さがあり、国際標準とされているものから「いいものだけ」を取り入れればいい。ただし、日本は何事も過剰で新しもの好き、多くがブームに終わるという欠点もある。教室への新たな理念の導入は、施設・設備を整えたとしても、結局は一人ひとりの教師が目の前の学習者の状況に応じて判断し、具体的に進めるしかない。時流に惑わされないことが大切であろう。

欧米の中等学校で教師に「アクティブ・ラーニング」について訊くと、怪訝な顔をされる。自分の授業をわざわざ「アクティブ・ラーニング」などと標榜するほどには意識しておらず、学習者の主体性を導き出す授業はすでに自明のものとなって久しいのである。

アメリカの高等学校を視察したときのことだ。スコット・フィツジェラルドの『華麗なるギャツビー』の授業を見学した。私立学校だったので17人と少人数の授業だったが、授業者主導で生徒に問いを投げかけつつも、学習者との間に問題意識は共有され、学習者の意見は適宜取り上げられ、静かなやりとりのなかにも学習者の思考が深められていく授業だった。グループ活動で賑やかにやるものでは決してなかった。

本書の第１部「道案内編」、第４部「アクティブ・ラーニングの方法編」、コラムをご執筆いただいた方たちは学校現場での経験をお持ちであり、常に現場でしか実感できない問題意識を大切に、最前線で熱心に指導に取り組まれ、研究を続けられている先生方である。

第２部「小・中学校実践編」、第３部「高等学校実践編」はよりよい授業をしようと目の前の学習者の実際に即して常に授業改善に取り組んだ実践事例である。編集にあたっては余計な介入などせず、オーサーシップを優先した。このため、各実践の基本的テンプレートは定めつつも、執筆者の書きぶりを尊重し、形式的な統一は最小限にとどめている。単元の目標を一つにしなければならないとか、単元計画に「次」という視点を取り入れるとか、そういう形式的なことにこだわらなかったのも、授業実践者の問題意識をできるだけ生の形で読者のみなさんに届けたかったからである。

「教室を実験室化しない」という戒めを肝に銘じながら、日々の授業に生きるものを読者のみなさんに届けたいという一心で本書はつくられている。

編著者　**稲井 達也**

目　次

読者のみなさんへ　i

第1部　道案内編

1 21世紀型能力と主体的・対話的で深い学び
―21世紀を生き抜く力を身につける「アクティブ・ラーニング」―　……… 1

2 言語活動とアクティブ・ラーニング　……… 12

3 小学校の言語活動に学ぶ協働的な学びの技法
―小中一貫教育を視野に入れた国語科の授業―　……… 20

4 オーセンティックな学びとこれからの国語科教育
―「実の場」における指導と教師の姿勢―　……… 30

コラム①　アクティブ・ラーニングの基盤となる言語環境づくり　……… 39

第2部　小・中学校実践編

1 グループでの話し合いを中心にした「問い」を解決する小学校5年生の説明文の授業　……… 42

2 グループ・セッションと「見える化」を工夫した小説「アイスプラネット」の授業　……… 50

3 ホットシーティングを用いて「君は『最後の晩餐』を知っているか」を読み解く　……… 58

4 「竹取物語」五人の貴公子の話について、ジグソー法で理解しよう！　… 66

5 アクティブ・ラーニングを取り入れた書写の指導　……… 74

6 複数の作品を読み、さまざまな角度から人物像を捉えよう　……… 82

7 新聞記事を活用した批評文の指導
―18歳選挙権の是非を問う15歳の主張―　……… 90

8 豊かな社会性と論理的思考力・判断力を培う反転学習とアクティブ・ラーニングの試み―『走れメロス』を題材にした教室ディベート―　…… 98

コラム②　アクティブ・ラーニングにつながる観察・発見の文法指導　… 106

第3部　高等学校実践編

1 国際バカロレアの視点を生かす国語科の文学の授業 …… 108

2 国際バカロレアの学習手法を取り入れた小説「山椒魚」の授業
—主体的に分析・解釈し、表現する力を育成する— …… 116

3 資料を活用し、対話を取り入れた「土佐日記」の授業 …… 126

4 誰にでも活用できる「見える化」による「羅生門」の「話す・聞く」の授業—タブレット端末の活用を視野に入れて— …… 134

5 協力して疑問を解決しよう—ジグソー法を用いた評論読解— …… 142

6 YouTubeを活用し、パフォーマンス評価を取り入れた「書くこと」の指導 …… 148

7 創作（吟行）と句会によるセッション
—創造性・批判的思考力を育てる授業— …… 156

コラム③　学校図書館の読書材を授業に活かす …… 164

第4部　アクティブ・ラーニングの方法編

1 「主体的・対話的で深い学び」を実現するために
—形式的な学びにならないための工夫— …… 166

2 アクティブ・ラーニングの技法（1）—話し合いの指導— …… 172

3 アナログツールで楽しくアクティブ・ラーニング …… 176

4 アクティブ・ラーニング推進のためにマルチメディアの活用を …… 181

5 アクティブ・ラーニングの技法（2）—ワーク・ショップ型授業— …… 185

コラム④　アクティブ・ラーニングと日本語教育 …… 193

おわりに　195

索　引　197

第１部　道案内編

1　21世紀型能力と主体的・対話的で深い学び
—21世紀を生き抜く力を身につける「アクティブ・ラーニング」—

1．知識基盤社会で必要とされる資質や能力

オックスフォード大学のマイケル・A・オズボーン教授とカール・ベネディクト・フライ研究員が2013年９月に発表した「雇用の未来—コンピュータ化によって仕事は失われるのか」という論文によると、702の職種すべてについてコンピュータ化の確率を試算したが、その結果、コンピュータに代わられる確率は90％以上という数字になった(1)。以前であればＳＦ小説のような見方として一笑に付されたような内容であるが、現実味を帯びてきている。

現代は、過剰な消費社会のあとに出現した「ポスト産業社会」といわれている。わが国においては、バブル経済後の失われた20年を経てもなかなか消費が上向く気配がない。若い世代を中心に過剰な消費を好まず、物を持たない慎ましやかな生活への回帰もみられるが、それは経済発展に多くを期待しない諦念ともいえる。あるいは見方を変えれば食うに困らない、余裕のある生活層の考え方とみることもできる。わが国では格差社会が進み、先進国のなかにあって、子どもの貧困問題はきわめて深刻な状況にあるからでもある。したがって、日本社会のなかで、「グローバル化」と唱えたみたところで、「唇寒し」の感は拭えない。グローバル化は、経済の競争と一体であり、経済的な論理が優先する。多くの人々がグローバル化で競争を勝ち抜く必要に迫られるわけではない。グローバル化は格付けを伴う。一つ言えるのは、このような格差の進んだ社会であるからこそ、他者と力を寄せ合い、助け合う「共助」の社会を築いていく必要性が生じている。他者と交流しながら、協働的な営みを大切にしつつ、一人ひとりが主体性をもって目の前の課題に向き合う資質が求められる。価値観や立場を乗り越えて、合意形成に向けて落としどころを見つけられるような粘り強さも必要になるだろう。そのような社会のあり方をめざすとき、記憶をもとにたった一つの答えを再生するような教育方法には限界がある。旧来型の既存

の知識を再生する学習では多様な課題への解決力は育ちにくい。たとえば、OECD（経済開発協力機構）の PISA（国際学習到達度調査：Programme for International Student Assessment）では、たった一つの答えを求めるような問題にはなっておらず、自分の判断に対して説得力のある説明が期待された問題が出題されている。PISA にはグローバルな競争社会で勝ち抜くことのできるような人間像が想定されているという批判があるが、PISA が先進国のスタンダード・テストであることからも、わが国の教育への影響は大きかった。たった一つの答えを求めるような教育、たとえば大学入試に対応できるような教育だけでは、社会の変化に対応するための資質や能力は養われにくい。また、そのような教育のなかでは、他者と議論したり話し合ったりする必要もあまりない。知識基盤社会（knowledge-based society）は、図1.1.1のような問題意識の上に成り立っている。

> 21世紀は、新しい知識・情報・技術が政治・経済・文化をはじめ社会のあらゆる領域での活動の基盤として飛躍的に重要性を増す。
> ①知識には国境がなく、グローバル化が一層進む
> ②知識は日進月歩であり、競争と技術革新が絶え間なく生まれる
> ③知識の進展は旧来のパラダイムの転換を伴うことが多く、幅広い知識と柔軟な思考力に基づく判断が一層重要になる
> ④性別や年齢を問わず参画することが促進される

図1.1.1　知識基盤社会
出所：2005年中央教育審議会答申「我が国の高等教育の将来像」による

「①知識には国境がなく、グローバル化が一層進む」は、インターネットには国境はなく、フラットな世界が広がるネット社会の進展が背景にある。「②知識は日進月歩であり、競争と技術革新が絶え間なく生まれる」は、これからもますます顕著になるであろう。たとえば、テクノロジーの進展が善くも悪くも生活を大きく変化させることである。スマートフォンは私たちの生活を激変させた典型であり、「③知識の進展は旧来のパラダイムの転換を伴うことが多く、幅広い知識と柔軟な思考力に基づく判断が一層重要になる」をもたらす。とくに、日本にはすでに超少子高齢化社会が到来しており、「④性別や年齢を

問わず参画することが促進される」は、性別や世代を超えたつながりが社会をよりよくしていくという視点を私たちに投げかけている。知識を他者のために活かしていく社会こそ、知識基盤社会の理念として大切にされなければならないだろう。教室において、主体的・対話的な学びであるアクティブ・ラーニングには、背景としてこのような人間像が考えられる。

2．新しい学びとしての21世紀型スキル・能力の背景

PISA 調査の背景には、2000（平成12）年前後からの欧米を中心にした知識基盤社会のなかで必要とされる能力についての研究がある。これまで欧米では汎用的な能力についてのさまざまなプロジェクト・チームが研究を重ねてきた。OECD が1999～2002（平成11～14）年にかけて実施した DeSeCo プロジェクト「コンピテンシーの定義と選択：その理論的・概念的基礎」（Definition and Selection of Competencies : Theoretical and Conceptual Foundations）における「キー・コンピテンシー」、2002（平成14）年にアメリカでＩＴ企業などの主導で、教育省等教育機関とともに設立された非営利団体「パートナーシップ・フォー・21センチュリー・スキル（P21）」や2009（平成21）年１月にロンドンで始まった、シスコシステムズ、インテル、マイクロソフトをスポンサーとした「21世紀型スキルの学びと評価プロジェクト」（ATC21S : Assessment and Teaching of Twenty-First Century Skills Project）における「21世紀型スキル」などがある。ATC21S は2010（平成22）年にはオーストラリア、フィンランド、ポルトガル、シンガポール、イギリス、アメリカが参加国として加わった。日本は加盟していなかった。

これらをふまえて、国立教育政策研究所が独自に実施した研究（『教育課程の編成に関する基礎的研究　報告書５』「第１章．１．研究の目的」）がある。表1.1.1は ATC21S の「21世紀型スキル」とわが国の「21世紀型能力」を比較したものである。

表1.1.1　21世紀型スキルと21世紀型能力の比較

21世紀型スキル	21世紀型能力
○思考の方法 1．創造性とイノベーション 2．批判的思考、問題解決、意思決定 3．学び方の学習、メタ認知 ○働く方法　他者とともに働くスキル 4．コミュニケーション 5．コラボレーション（チームワーク） ○働くためのツール　道具を用いる 6．情報リテラシー 7．ICT リテラシー ○世界の中で生きる　個として社会の一員として市民的責任を担う 8．地域とグローバルのよい市民であること 9．人生とキャリアの発達 10．個人の責任と社会的責任者	○基礎力 ・言語スキル ・数量スキル ・情報スキル ○思考力 ・問題解決 ・発見力 ・創造力 ・論理的 ・批判的思考力 ・メタ認知 ・適応的学習力 ○実践力 ・自律的活動力 ・人間関係形成力 ・社会参画力 ・持続可能な未来への責任

この研究では、「資質・能力」は「スキル」よりも長期的で領域普遍的な「知識」「技能」等の総体として用いており、また、「資質」と「能力」の区別はせず、一体のものとして扱っている。

3．改革の方向性

中央教育審議会教育課程企画特別部会が2012（平成24）年に示した「論点整理」は、今後の方向性を示している。この具体的な学びの姿としては、アクティブ・ラーニングがあげられるが、これは大学教育の改革の必要性のなかで出てきたものである（図1.1.2）。

一教員による一方的な講義形式の教育とは異なり、学修者の能動的な学修への参加を取り入れた教授・学習法の総称。学修者が能動的に学修することによって、認知的、倫理的、社会的能力、教養、知識、経験を含めた汎用的能力の育成を図る。発見学習、問題解決学習、体験学習、調査学習等が含まれるが、教室内でのグループ・ディスカッション、ディベート、グループ・ワーク等も有効なアクティブ・ラーニングの方法である。

図1.1.2 「新たな未来を築くための大学教育の質的転換に向けて～生涯学び続け、主体的に考える力を育成する大学へ～（答申）」（2012年8月）

アクティブ・ラーニングは、一方的な知識伝達型講義を聴くという学習を「受動的学習」とみなし、能動的な特徴をもって学習パラダイムを支える学習として提唱されたものであり、「教えるから学ぶ（from teaching to learning)」のパラダイム転換である。学習者の主体性を重視した、いわば理念的なものであり、方法論的なものではない。また、協働的な学習形態を伴うことが多い。

溝上慎一は「アクティブラーニング」（文科省と異なり、「・」が入らない）について、次のように定義(2)している。

> 一方的な知識伝達型講義を聴くという（受動的）学習を乗り越える意味での、あらゆる能動的な学習のこと。能動的な学習には、書く・話す・発表するなどの活動への関与と、そこで生じる認知プロセスの外化を伴う。

また、中央教育審議会教育課程企画特別部会「論点整理」では、授業改善の視点として次のように３つに整理した（下線は筆者による)。

i）習得・活用・探究という学習プロセスの中で、問題発見・解決を念頭に置いた**深い学びの過程**が実現できているかどうか。

ii）他者との協働や外界との相互作用を通じて、自らの考えを広げ深める、**対話的な学びの過程**が実現できているかどうか。

iii）子供たちが見通しを持って粘り強く取り組み、自らの学習活動を振り返って次につなげる、**主体的な学びの過程**が実現できているかどうか。

このように「主体的・対話的で深い学びの過程」ということが重視されている。さらに「深い学び」については、総則・評価特別部会「アクティブ・ラーニングの視点と資質・能力の育成との関係について―特に「深い学び」を実現する観点から―」（2016年）において、次のように整理された。

子供たちが習得・活用・探究を見通した学習過程の中で、「見方や考え方」を働かせて思考・判断・表現し、「見方や考え方」を成長させながら、資質・能力を獲得していけるような学びが、「アクティブ・ラーニング」の視点である「深い学び」ではないかと考えられる。

たとえば、一人ひとりが対等な関係で協力する学習の場合、他者の意見を受け入れる柔軟性、困難や葛藤を乗り越える強い意志、違いを乗り越えるコミュニケーション能力などが求められる。

今後の改革の中心は、高等学校教育がある。2008年（平成20）年度改訂の学習指導要領では、「言語活動の充実」を中心とした学力向上に向けた授業改革が推進され、小・中学校ではほぼその目的も達成されたとみられている。高大接続の一体化した教育改革の施策のなかで、いよいよ高等学校にも大きな授業改革が訪れようとしており、アクティブ・ラーニングは教育改革の柱になるとみられる。

4．21世紀型能力と次期学習指導要領の改訂

2008（平成20）年度学習指導要領改訂では、学力を三つの要素に分けて示しているが、学力を資質や能力として捉えている点に特徴がある（図1.1.3）。

このような研究もふまえつつ、次期学習指導要領の改訂に向けた検討が進んでいる。図1.1.4で示したように、「教科等を横断する汎用的な能力（コンピテンシー）等に関わるもの」が取り上げられている。

なかでも、「1．教育目標・内容と学習・指導方法、学習評価の在り方を一体として捉え」ることとは、「目標➡内容➡方法➡評価」という流れの整合性を重視するという考え方であり、アクティブ・ラーニングではこの整合性が一層重視される必要がある。

現行の学習指導要領の教育目標と内容
・教科等を横断する汎用的な能力（コンピテンシー）等に関わるもの
・教科の本質に関わるもの（教科等ならではの見方・考え方など）
・教科等に固有の知識やスキルに関わるもの

図1.1.3 「育成すべき資質・能力を踏まえた教育目標、内容と評価の在り方に関する検討会」の論点整理（2014年３月）

1．教育目標・内容と学習・指導方法、学習評価の在り方を一体として捉えた、新しい時代にふさわしい学習指導要領等の基本的な考え方
2．育成すべき資質・能力を踏まえた、新たな教科・科目等の在り方や既存の教科・科目等の目標・内容の見直し
3．学習指導要領等の理念を実現するための、各学校におけるカリキュラム・マネジメントや、学習・指導方法及び評価の改善を支援する方策

図1.1.4 文部科学大臣の諮問
出所：「初等中等教育における教育課程の基準等の在り方について」2014年11月20日

5．単元構想と授業デザイン

アクティブ・ラーニングでは、１単位時間の授業だけではなく、単元計画を含んだ授業構想が必要になる。１単位時間の授業にしても、教師が答えてほしいことを想定どおりに答えてもらう授業とは本質的に異なる。また、アクティブ・ラーニングは広く学ぶよりも、掘り下げて狭く学ぶ内容に適しており、相応の時間がかかる。内容によっては１単位時間のなかで区切りがつけにくい場合もある。

単元を構想する観点として、教師が「教えること」と「学習者に考えさせるべきこと」が分けられていることが大切である。また、学習者に疑問や課題意識をもつための時間を設定したり、学習者の「どうしてだろう？」という疑問や、「こういうことを知りたい」という課題意識を大切にしたりするのはもとより、「どうして……なのだろうか？」という授業者が学習者に働きかける問いも、大切にされなければならない。このようにアクティブ・ラーニングでは、指導と同等に学習者の「学び」というものを重視する。「学び」とは学習者の気づきであり、認知の変容でもある。学習者一人ひとりに生起するリアルな

「出来事」が次の「学び」、すなわち、新たな気づきへとつながってゆく。つまり、ある疑問が解決し、学習者に新たな気づきが生まれても、さらに新たな疑問が生じ、もっと深く知ろうとする。授業者さえ予測不能な事態も生じる。すなわち、学びの「創発性」が現れる。「創発性」とは部分的・個別的なものの総体からは出現しそうもないような全体が現れる現象である。全体は部分の総和以上のものとして現れる。アクティブ・ラーニングでは、授業を学習者の認知的な相互作用として捉え、学習者の学びの姿をより一層重視する。このような観点で授業を構想する「授業デザイン」の考え方が求められる。

また、協働的な学習形態を伴うことが多いため、効果的に学習を進めるため、さまざまな「学びの技法」が導入される（詳しくは、第4部 アクティブ・ラーニングの方法編を参照されたい）。 しかし、「学びの技法」の導入は、学習課題が適切ではなく、形だけのアクティブ・ラーニングを生じる危険性もはらんでいるので十分に認識しておく必要がある。国は図1.1.5のような注意を喚起している（下線部は筆者による）。

> 国は、学習指導要領の改訂の検討に当たり、加速する社会の変化に合わせて、学校現場が適時に教育の在り方を見直し、地域の特色や新たな発想に基づく意に富んだ教育活動を展開できるようにする観点から、指導方法を画一的、限定的に定めることとならないよう、地方公共団体や学校への示し方を工夫する。例えば、アクティブ・ラーニングなどを推進するに当たっては、深い思考力等を育むと言う本来の目的から離れて、特定の型どおりに指導するといった硬直性を産んだり、すでに積極的に取り組んでいる学校の足かせになったりするなどの弊害を生まないよう留意する。

図1.1.5　教育再生実行会議「これからの時代に求められる資質・能力と、それを培う教育、教師の在り方について（第七次提言）」2015年5月14日

6．ファシリテーターとしての授業者

主体的・対話的で深い学びは、方法論ではなく、理念的なものの具現化である。極論すれば、一斉授業のなかで教師の話を聞いて、内発的な精神活動が高まり、知的好奇心が喚起されれば、個人内でのアクティブ・ラーニングが促されたといえる。次のような場面を大切する必要がある。

①問いを発見したり共有したりする場面
②お互いに話し合い、ほかの学習者の考えを静かに聞き合う場面
③お互いの思考を共有する場面
④考えを整理し、「焦点化」して、「問い」の答えを絞る場面

なかでも「①問いを発見したり共有したりする場面」では学習者が解決したり知りたくなったりするような「問い」が大切にされる。「問い」によって学習者の主体性は左右される。学習者が出した「問い」を、学習者自身で解決できるように促すことが、学習者の主体性を育てる。授業者が「問い」を示すにしても、果たして本当に学習者が解決したり考えたりしたい「問い」なのかという、授業者自身の問い直しが常に求められる。

つまり、授業者は「問い」をデザインするということである。学習者から出された「問い」を見きわめ、どの「問い」を個人で、あるいは班で協働的に解決する「問い」にするかを判断するのは、授業者の役割である。多くの学習者が解決できないような困難な「問い」がある場合、解決に挑戦させたうえで、それでもなお理解に不足がある場合、学習者に説明をするのは指導者としての授業者である。あるいは授業者が「問い」にしてほしかったにもかかわらず、「問い」として出されない場合、「問い」にしてゆくために気づきを促すのも授業者の役割である。ただし、学習の過程で学習者自身が「問い」を発見する場合もある。

このように、アクティブ・ラーニングでは、授業者には「問い」の設定や解決の過程で、学習者の気づきを促したり、気づきを関連づけたりする「ファシリテーター」の役割が求められる。「ファシリテーター」は集団活動そのものに参加することはなく、中立的な立場で活動の支援を行う役割をもつ。このような授業での板書は学習のプロセスを記したものになる。授業者が見た目の華やかな活動主義に流されないためには、これまで以上に、指導事項を明確に認識し、どのような手立てで学習者の「学び」を構築してゆくかという発想が必要になるだろう。

本書で取り上げる「学びの技法」は、学習プロセスのなかでの手立てにほか

ならない。方法論に流されないようにすることが大切である。「問い」の解決のために話し合うという経験に習熟させる必要もある。

たとえば、話し合いの際にお互いの考えをわかりやすくするために、付箋紙やホワイト・ボードなどを用いて絵や図に表現する「見える化」も工夫の一つである。しかし、話し合いは「聞き合い」である。本当に一人ひとりが学び合っているときの話し合いでは、饒舌さは消え、むしろ「かたち」にならない言葉が生まれる一歩手前の沈黙で時間が充たされることも少なくない。そういう学びが生成する瞬間を辛抱強く待ちたいものである。

7．カリキュラム・マネジメントの必要性

すべての教科で常にアクティブ・ラーニングを行っていたら学習者の負担が大きい。したがって、年間指導計画の共有と単元ごとの授業時間数の調整を行い、内容的にテーマが重なるものへの対応が必要になる。情報が共有されないと多くの教科・科目で同一のテーマや内容でアクティブ・ラーニングを導入する事態が生じ、場合によって、生徒は疲弊してしまう。このような事態を避けるためには、授業者同士の連絡・調整が必要になる。カリキュラム・マネジメントの一つである。

また、学習が成立しているかという授業者自身による振り返り（省察：リフレクション）が求められる。主体的・対話的で深い学びという観点に立った授業改善は、大がかりな単元でなくとも、日常的に学習者を尊重した学習を進めていくための手立てになる。

注

（1）Carl Benedikt Frey†, Michael A. Osborne（2013）“THE FUTURE OF EMPLOYMENT: HOW SUSCEPTIBLE ARE JOBS TO COMPUTERISATION?” http://www.oxfordmartin.ox.ac.uk/downloads/academic/The_Future_of_Employment.pdf（2016年9月21日参照）

（2）溝上慎一（2014）『アクティブラーニングと教授学習パラダイムの転換』東信堂

本章の学びのための参考文献

・Ｐ.グリフィン、Ｂ.マクゴー、Ｅ.ケア／三宅なほみ編著　益川弘如監訳　望月俊男編訳（2014）『21世紀型スキル　学びと評価の新たなかたち』北大路書房
・松下佳代編著（2015）『ディープ・アクティブラーニング　大学授業を深化させるために』勁草書房
・永田敬・林一雅編著（2016）『アクティブ・ラーニングのデザイン　東京大学の新しい教養教育』東京大学出版会
・溝上慎一編著（2016）『高等学校におけるアクティブラーニング　理論編』東信堂

2 言語活動とアクティブ・ラーニング

1.「言語活動の充実」と「アクティブ・ラーニング」

「アクティブ・ラーニング」は2014（平成26）年11月の文部科学大臣諮問「初等中等教育における教育課程の基準等の在り方について」(1)を契機に、初等中等教育においても注目が高まり、2015（平成27）年８月の「教育課程企画特別部会　論点整理」(2)（以下「論点整理」）には、諮問を受けるかたちで「課題の発見・解決に向けた主体的・協働的な学び（いわゆる「アクティブ・ラーニング」）（p.17）」という文言が示されている。しかしながら、これは現行の2008（平成20）年・2009（平成21）年版学習指導要領の下で実践されている「言語活動の充実」においても、すでに重視されていることにほかならない。このことは、田中孝一（2016）でも「論点整理」がまとめられる以前の段階ですでに

> 教育課程企画特別部会等、中教審の様々な会議における配付資料の中で、文部科学省作成の『言語活動の充実に関する指導事例集　高等学校版』（平成24年６月刊）に収載しているイラスト「思考力、判断力、表現力を育むために、例えばこんな言語活動で授業改革」の中の例を示して、アクティブ・ラーニングの具体的なイメージを表現しようとしている。このことから、文部科学省は、アクティブ・ラーニングを、言語活動の充実のイメージにつなげて捉えていると推察される。（pp.11-12）

と述べられ、「言語活動の充実」と「アクティブ・ラーニング」には共通する考え方がみられることが指摘されている。

だが、同じ考えに基づくのであれば「言語活動の充実」のさらなる徹底をめざせばよいのであって、「アクティブ・ラーニング」という用語を新たに用いる必要はないはずだという考え方も十分にありうるだろう。そこで、本章では「言語活動の充実」の理念を今一度確認し、「アクティブ・ラーニング」との共

通点、相違点を整理することを通して、この用語が新たに用いられることとなったねらいについて筆者なりの考えを述べてみたいと思う。

2．「言語活動の充実」の理念

「言語活動の充実」は、2008（平成20）年1月17日の中央教育審議会答申「幼稚園、小学校、中学校、高等学校及び特別支援学校の学習指導要領等の改善について」(3)ですべての教科で取り組むべきものとされた。答申ではまず「子どもたちの現状と課題」について

> 各種調査の結果からは、基礎的・基本的な知識・技能の習得については、個別には課題のある事項もあるものの、全体としては一定の成果が認められる。しかし、思考力・判断力・表現力等を問う読解力や記述式の問題に課題がある。これらの力は現行学習指導要領（筆者注：平成10・11年版学習指導要領のこと）が重視し、子どもたちが社会において必要とされる力であることから、大きな課題であると言わざるを得ない。(p.11)

のように認識し、2008（平成20）・2009（平成21）年版学習指導要領では「思考力・判断力・表現力等の育成」がめざされることとなった。そして、そのための具体的な方法として、以下のように「教科の知識・技能を活用する学習活動を充実させることを重視」することが指摘されている。

> 今回の改訂（筆者注：現行の平成20・21年版学習指導要領に向けた改訂のこと）においては、各学校で子どもたちの思考力・判断力・表現力等を確実にはぐくむために、まず、各教科の指導の中で、基礎的・基本的な知識・技能の習得とともに、観察・実験やレポートの作成、論述といったそれぞれの教科の知識・技能を活用する学習活動を充実させることを重視する必要がある。(p.24)

さらに、「教科の知識・技能を活用する学習活動」が言語の能力と深くかかわるものであることが以下のように述べられる。

> これらの活動の基盤となるものは、数式などを含む広い意味での言語であり、（中略）すべての教科で取り組まれるべきものであり、そのことに

よって子どもたちの言語に関する能力は高められ、思考力・判断力・表現力等の育成が効果的に図られる。(pp.25-26)

ほかにも「思考力・判断力・表現力等の基盤となる言語の能力の育成」(p.26)という文言もみられ、「思考力・判断力・表現力等の育成」のためには「言語に関する能力」を高めることが不可欠であるという考えが強調されている。

これついては、木村孟(2008)においても次のように述べられている。

平成10年の学習指導要領の改訂の議論の際に、教科間で横断的な議論がほとんどなされなかったことに対する強い反省から、筆者は、教育課程部会の部会長として、各教科について、指導すべき事項、指導の方法について、何か共通のやり方があるのではないか、それを専門部会で検討してほしいとの希望を表明した。その結果、各教科を貫く横串として出てきたのが、「言語」と「体験」である(p.39)。

「言語活動の充実」の根底に「各教科を貫く横串」として「言語」と「体験」を据えたことが明記されている。さらに、鳴島甫(2010)では上の木村孟(2008)を補うかたちで、「言語活動」の意義について次のように述べられている。

おそらくここでの「言語」とはソシュールのいうラングを指し、国語として私たち日本人が共有する記号体系を指していると思われる。それに対して「体験」とは、各個人が身をもって経験することを指しているのであろう。とするならば、「言語活動」とは、そういう両者を個人のレベルでつなぎ合わせることだと考えられる。「体験」の裏付けのない「言語」は浅薄だし、「言語」の裏付けのない「体験」は自分勝手なものになりやすい。その意味で両者をつなぐ「言語活動」は必須のものとなる。(pp.63-64)

「言語活動」はただ何かを体験させていればよいのではなく、「言語」の裏づけを必須とするものであることが明言されている。これは、言語に裏づけられた体験を通すことによって初めて、その活動で得られた言葉が個人の認識の深まりとして定着していき、そうして得た認識は一人よがりではない説得力のある思考力・判断力・表現力等の能力として育成されていくということにほかならない。「言語」と「体験」を互いに裏づけをもつものとして結びつける指導が「言語活動」の土台となるのである。

3.「言語活動の充実」の検証

「言語活動の充実」が図られた背景に、言語の能力を高めることの重要性が強く認識されていたことを確認したが、学校現場ではどのような成果および課題があげられているかをみてみたい。それを捉える手がかりの一つに、2015（平成27）年３月26日の教育課程企画特別部会の配付資料「『言語活動の充実に関する検証改善』の成果について」(4)がある。これは、2014（平成26）年10月10日、10月31日に文部科学省内で行われた意見交換会の内容を整理したものであり、まず「成果や取り組み状況」の一つとして以下のことが指摘されている。

> 多くの小・中学校で言語活動を意識した活動に取り組んでいる。全国学力・学習状況調査の結果などからは、言語活動の充実が児童生徒の学力の定着に寄与していることが示唆されている。

いっぽう、「課題」としては以下の指摘がみられる。

> 目的意識が不明確であったり、単元全体を通じて常に言語活動を行わなければならないと誤解したりしていることにより、言語活動を行うこと自体が目的化してしまっている。

以上のように、学校現場における「言語活動の充実」の成果と課題については、言語活動を意識した活動が取り組まれているという点では一定の成果を残しながらも、活動の目的が明確でなく活動を行うこと自体が目的となってしまっているという課題もあることが認識されていることがわかる。そのうえで、これらをふまえ「言語活動の今後の方向性」について以下のように整理される。

> 各教科等の教育目標を実現するために、見通しを立て、主体的に課題の発見・解決に取り組み、振り返るといった学習の過程において、言語活動を効果的に位置付け、そのねらいを明確に示すことが必要である。アクティブ・ラーニングを構成する学習活動の要素を検討する際も、言語が学習活動の基盤となるものであることを踏まえた検討が必要である。

活動すること自体が目的化されているという課題を克服するために「見通しを立て主体的に課題の発見・解決に取り組み、振り返るといった学習の過程」を意識することの重要性が示されている。だが、これは「言語活動の充実」においてもすでに指摘されていたことにほかならない。

活動を伴う学習指導のかかえる課題について、甲斐雄一郎（2015）は、「アクティブ・ラーニング」を「『自律的学習』が意匠をかえて現れたものという見方もできる（p.45）」としたうえで、「アクティブ・ラーニングに関する『懸念事項』は、小中学校における『自律的学習』に関してこれまでに指摘された問題と似通っている（p.45）」ことを指摘する。さらに、これらの課題が大正末〜昭和のはじめ頃から「繰り返し指摘されている（p.45）」ことを指摘する。

先にふれたように「見通しを立て主体的に課題の発見・解決に取り組み、振り返るといった学習の過程」の重視が「言語活動の充実」においても十分認識されていたことをふまえると、甲斐（2015）の述べるとおり、同じ課題が繰り返し指摘されているということになるだろう。これは、思考力・判断力・表現力等の育成のために言語の能力の向上をめざすべく「言語活動の充実」が図られ、学校現場においてもその意識が定着してきたことは一定の成果として認められるものの、活動を通した指導が従来からかかえている課題がいまだ克服し切れていないことを意味する。

しかしながら、甲斐（2015）には「もちろんこの間さまざまな工夫が公開されてきているし、アクティブ・ラーニングについての先進的な研究者はその解決の見通しも示している（p.45）」とし、課題の克服に向けた取り組みが進んでいることも指摘している。このような視座に立つならば「論点整理」における「アクティブ・ラーニング」についての検討も、この課題の克服に向けた取り組みの一つと位置づけることも可能であろう。

4．「アクティブ・ラーニング」の理念

「論点整理」では、「アクティブ・ラーニング」の意義について以下のように述べられている。

思考力・判断力・表現力等は、学習の中で（中略）思考・判断・表現が発揮される主体的・協働的な問題発見・解決の場面を経験することによって磨かれていく。身に付けた個別の知識や技能も、そうした学習体験の中で活用することにより定着し、既存の知識や技能と関連付けられ体系化されながら身に付いていき、ひいては生涯にわたり活用できるような物事の深い理解や方法の熟達に至ることが期待される。（p.17）

これは、「言語活動の充実」を通して「思考力・判断力・表現力等の能力」を育成し「教科の知識・技能を活用する」能力を高めようとする現行学習指導要領の考え方にほかならない。「言語活動の充実」の理念は「アクティブ・ラーニング」へと確かに継承されているのである。

では、なぜ「論点整理」では「言語活動の充実」ではなく「アクティブ・ラーニング」という用語が改めて用いられているのだろうか。これまで考えてきたことからその理由を捉えるとすれば、それは着眼の中心が「言語」から「体験」へ移りつつあることによると考えることができるだろう。このことは、「論点整理」の次の文言からもうかがうことができる。

次期改訂が学習・指導方法について目指すのは、特定の型を普及させることではなく、（中略）学びを経験しながら、自信を育み必要な資質・能力を身に付けていくことができるようにすることである。そうした具体的な学習プログラムは限りなく存在し得るものであり、教員一人一人が、子供たちの発達の段階や発達の特性、子供の学習スタイルの多様性や教育的ニーズと教科等の学習内容、単元の構成や学習の場面などに応じた方法について研究を重ね、ふさわしい方法を選択しながら、工夫して実践できるようにすることが重要である。（p.18）

上の引用中の「特定の型を普及させることではなく」「具体的な学習プログラムは限りなく存在し得る」などの文言は、活動の具体的なあり方を考えるための重要な手がかりを示している。2008（平成20）年１月17日の中央教育審議会答申で「言語活動の充実」が掲げられた当時は、思考力・判断力・表現力等の育成の重要性を説くために、基礎的・基本的な知識・技能の習得だけでは不十分であるという点に重きがおかれた。そして、その第一歩として言語の能力の向上の必要性が訴えられ、すべての教科で「言語活動の充実」が図られることとなった。鳴島（2010）でみたように、「言語活動」とは「言語」と「体験」を互いに裏づけるものとして両者をつなげるものであった。そうすることで、「言語」は説得力をもち、「体験」は一人よがりなものでなくなる。そこで、各教科において「言語」を中心に据えた活動がさまざまに取り組まれ、一定の成果を収めてきた。そして、このような過程を経たうえで、現在では「体験」の具体的な中身をもっと洗練したものとするという課題が認識されてきたのである。

このように考えると、上の引用部分において、検討の重点が「言語」の能力の向上から、この課題の克服に向けた「活動（体験）」のあり方の検討へと移っていることが首肯されよう。ただ、甲斐（2015）にも述べられていたように、この課題は繰り返し指摘されてきたものであり克服は容易ではない。それだけに、あらゆる角度からの緻密な検討が不可欠となろう。「教員一人一人が」「方法について研究を重ね」「工夫して実践できるようにする」といった文言も、実態に合った最も効果的な活動のあり方がどのようなものかを、教師一人ひとりがよく考え工夫することの重要性が、強調されたものと捉えることができる。

5．「アクティブ・ラーニング」のねらい

「言語活動の充実」と「アクティブ・ラーニング」の違いを一言で表すならば、着眼の重点が「言語」から「活動（体験）」に移ったということになろう。しかしながら、これは「言語」よりも「活動（体験）」を重視するということではない。先に示した2015（平成27）年３月26日の教育課程企画特別部会の配付資料にも「言語が学習活動の基盤となるものであることを踏まえた検討が必要である」と明記されている。

「アクティブ・ラーニング」のねらいは、「言語活動の充実」から継承されてきた主体的、協働的な学習活動をより成熟させるために、「見通しを立て、主体的に課題の発見・解決に取り組み、振り返るといった学習の過程」にこれま

で以上に意識を向けることにあると考えられるのである。

注　(※各資料を文部科学省のホームページから閲覧する場合のURLを示す)

（1）http: //www. mext. go. jp/b_menu/shingi/chukyo/chukyo0/toushin/1353440.htm

（2）http://www.mext.go.jp/component/b_menu/shingi/toushin/__icsFiles/afieldfile/2015/12/11/1361110.pdf

（3）http://www.mext.go.jp/b_menu/shingi/chukyo/chukyo0/toushin/__icsFiles/afieldfile/2009/05/12/1216828_1.pdf

（4）http: //www. mext. go. jp/b_menu/shingi/chukyo/chukyo3/053/siryo/attach/1358722.htm

引用文献

甲斐雄一郎（2015）「アクティブ・ラーニングの実現に向けて」『子どもと創る「国語の授業」』№50、全国国語授業研究会、筑波大学附属小学校国語研究部、東洋館出版社、pp.44-47

木村孟（2008）「『言語』と『体験』を軸にした新学習指導要領」『中等教育資料』864号 pp.38-39

田中孝一（2016）「国際社会が求めるこれからの能力」『アクティブ・ラーニングを取り入れた授業づくり－高校国語の授業改革』高木展郎・大滝一登編著、明治書院、pp.10-23

鳴島甫（2008）「『言語活動の充実』と単元学習」『国語単元学習の創造Ⅰ理論編』日本国語教育学会監修、東洋館出版社、pp.60-71

3 小学校の言語活動に学ぶ協働的な学びの技法
—小中一貫教育を視野に入れた国語科の授業—

1．東京都品川区での実践

現在、東京都品川区では、９年間にわたる小学校・中学校での教育課程に一貫性をもたせながら、教育方法や教育内容を「４－３－２年」のまとまりで再編成するという試みがなされている(1)。

このような教育課程が導入されるようになった背景には、小学校から中学校への接続の場面での心理と学習との両方面にわたる大きな負担の問題や、小学校の教員と中学校の教員の間での指導観のくい違いや相互不信感の存在などが、課題として注目されるようになったということがあった。

品川区での小中一貫教育の実施の経緯を簡単に述べるならば、表1.3.1のようになる。

このような品川区の改革の進展のなかで、小学校の言語活動はどのように変

表1.3.1　品川区小中一貫教育の実施経緯

2000（平成12）年	教育改革「プラン21」の開始。学校選択制や習熟度別学習などとともに、小中連携教育が論議されるようになる。
2002（平成14）年	外部評価制度や学力定着度調査が導入され、その結果として小中一貫教育実施へ向けての方向性が定まる。
2003（平成15）年	構造改革特別区域法に基づいて品川区が「小中一貫教育特区」に認定される。
2005（平成17）年	「品川区小中一貫教育要領」が発表される。
2006（平成18）年	品川区立学校全体で小中一貫教育が開始する。「英語科」「市民科」などを９学年すべてにおいて創設される。
2008（平成20）年	「教育課程特例校制度」を活用しつつ、義務教育９年間の教育課程を「４－３－２」のまとまりで再編成する。
2015（平成27）年	３月に、品川区で小中一貫教育開を９年間にわたって受けた、最初の生徒が卒業する。
2016（平成28）年	小中一貫教育開始後10年を迎え、２月に「品川区教育フォーラム」が開催され、成果と課題が検討される。

わったのだろうか。また、そこでは協働的な学びの技法はどのように活かされているのだろうか。以下、その一端を示しつつ所感を述べてみたい。

品川区小中一貫教育要領（品川区教育委員会）

2．「市民科」の試み

品川区の小中一貫の教育課程にはさまざまな特設科目がある。なかでも特徴的なのは「市民科」の創設であろう[2]。

「市民科」は、児童生徒に、社会のなかに存在していることの自覚を促し、その一員としての役割の遂行が可能な「市民性」を育むことをめざした特設科目である。「道徳」「特別活動」「総合的な学習の時間」の三つを統合したものであり、教科書は品川区が独自に作成したものを使用している。

「市民科」においては「７つの資質」と「５つの領域」の育成がめざされている。「７つの資質」とは、「主体性・適応性・論理性・積極性・公徳性・実効性・創造性」であり、「５つの領域」とは「自己管理・人間関係形成・自治的活動・将来設計・文化創造」である。

「人間関係形成」の下位項目には「自他理解」や「コミュニケーション」が含まれ、「文化創造」には「企画・表現」が含まれている。これらのことから、「市民科」においても、言語活動にかかわる協働的な学びが重要な位置を占めていることがわかる。

東京都教職員研修センターが作成したカリキュラムモデル[3]は、品川区での実践との関連は明記されていないものの、小中学校を通しての「カリキュラム市民」のモデルが示されており、「市民科」の把握の参考になると思われるので、以下にその一部を紹介する（図1.3.1）。

このような学習活動を支えているのがさまざまな言語活動であり、また、これらを通して多様な言語能力が育まれていくことはいうまでもない。教室での意見交換、高齢者や職業人へのインタビュー、それらを把握・整理して発表す

《小学校第３学年　総合的な学習の時間「みんなにやさしい町」12時間》

１　単元の目標

①障害のある人や高齢者との交流や体験活動を通して、障害のある人や高齢者の感じ方や考え方などを理解し、その立場に立って考えることができる。

②障害のある人や高齢者とともに暮らしていくために、自分たちができることを考え、実践しようとする意欲を高める。

２　単元で育てたい資質・能力

◇自主・自立「問題発見・解決力」（略）

◆人間関係「人間関係形成力」

・互いの良さを見付け、違いを認め、話し合うこと

・他者の気持ちを考えて行動すること

↓

・友達と自分の考えを比較し、目的を達成するために自分達ができることを模索しながら話し合うとともに、障害のある人や高齢者の立場に立って、調査活動を行い、解決方法を考える。

□社会参画「主体的に計画・行動する力」（略）

３　単元で扱う主な教育課題との関連（略）

４　単元の指導計画（12時間扱い）（略）

《小学校第４学年　総合的な学習の時間「地域で働く人に学ぼう」30時間》

１　単元の目標

①地域で仕事に携わっている人の働く様子を調べ、仕事を体験する活動を通して、働くことの意義や大切さについて理解を深め、社会を形成する一員としての自覚を高める。

②地域で仕事に携わっている人の思いや生き方に関心をもち、将来就きたい職業を考え、仕事に対する興味・関心や夢・希望をもつことができる。

２　単元で育てたい資質・能力

◆人間関係「他者と協働する力」

・目標に向けて、他者尊重し、協力し合って活動すること行動すること

↓

・地域で仕事に携わっている人の働く様子を調べる活動を通して、友達の考え方や調べ方のよさに気付き、自分の考え方や調べ方に生かすとともに、役割分担を明確にしながら協力して活動する。

□社会参画「主体的に計画・行動する力」

・集団や地域の一員として自分のことを考え、活動すること

↓

・地域における仕事に興味・関心をもつとともに、地域の仕事に携わっている人から仕事の内容について教えてもらって体験することで、仕事に取り組む姿勢を学び、働くことの意味や大切さを自分なりに考える。

■未来の創造「持続可能な社会の実現に向けた実践力」（略）

３　単元で扱う主な教育課題との関連（略）

４　単元の指導計画（12時間扱い）（略）

図1.3.1　カリキュラムモデル

出所：東京都教職員研修センター、2015年

る活動や、役割分担を決定するための話し合いなどの活動が重要な位置を占めることになる。その具体的な指導・支援において、国語科との連携は重要度を増すこととなる。

3．国語科における漢字・語彙指導

小中一貫教育を開始するにあたって、品川区は各教科の学習指導指針を明らかにしている(4)。それは、従来の課題を克服するために、指導内容の具体化と指導の系統性の明確化をめざし、基礎的な言語能力の定着、論理的な思考能力の育成を図ろうとするものであった。そこでは、2014（平成16）年２月３日の文化審議会答申「これからの時代に求められる国語力について」に記されている、「思考力そのものを支える語彙力を身に付けるために漢字の指導に力を入れていくこと」という文言が強く意識されている。

品川区の小中一貫教育の国語科には、以下の４つの基本方針がある。

【基本方針１】

９年間を、第１学年・第２学年、第３学年・第４学年、第５学年から第７学年、第８学年・第９学年のまとまりに分け、指導事項の重複を減らし重点化するなど再編成し、発達段階を踏まえ、情緒力、論理的思考力の育成へと指導の系統化をはかること。

【基本方針２】

想像力・思考力の根幹をなすべき理解語彙・表現語彙を拡充するために、９年間の系統を考え、漢字を覚えるべき時期を早め、覚えるべき漢字を増やし、さらに指導時数を増やすなど漢字指導を徹底すること。

【基本方針３】

豊かな情緒力・想像力をはぐくむとともに、授業時間内に読書活動の時間を確保し、読書活動そのものを効果的に体験させる指導（週一回程度）から読書活動を動機づける単元指導（学期一回程度）まで系統的に位置づけ、児童生徒の読書習慣を形成すること。

【基本方針４】

> 思考力を高め、論理的言語技術を身に付け、社会生活に必要な相手・目的に応じた表現力を育成するために、論理的な文章を読むことや書くことの指導、相手を説得する討論の指導を重視すること。

この基本方針のうち、とくに漢字・語彙指導とかかわるのが最初の二つである。品川区の教育委員会は、この方針をふまえた漢字学習のテキスト『漢字ステージ100　1・2年生』『漢字ステージ100　3・4年生』『漢字ステージ100　5・6・7（8・9）年生』[5]を独自に作成している。これは、品川区の1～7年生が学習する1322字（学習指導要領が定める1006字と日本漢字検定能力協会が定める4級配当漢字316字）を、各冊ごとに100のステージ、つまり全300ステージに分けて配列したものである。

各ステージの漢字の配当は、画数や字体よりも、その漢字や熟語を使用する局面を配慮したものとなっている。たとえば、『漢字ステージ100　5・6・7（8・9）年生』の一部は以下のようなものになっている。

63ステージ	64ステージ	65ステージ	66ステージ	68ステージ	69ステージ
野球大会	防　災	季　節	大自然	世界旅行	「言　う」に関する語

『漢字ステージ100　5・6・7（8・9）年生』光村図書

各ステージは、漢字の書き順や画数、使用した熟語や例文などの解説と、「たしかめ」という練習問題で構成されている。そして5ステージに1回程度の割合で、「やってみよう」という発展的な学習内容が掲載されている。

たとえば、「64ステージ 防災」のあとに設けられている「やってみよう」は図1.3.2のようなものである。

字体の単純なものから複雑なもの

まちがい探しで暗号を解こう

▼漢字のまちがい探しをしましょう。

（カンジー博士）「野球チームのキャプテンから、手紙が届いておるぞ。★は暗号になっている。／手紙の中でまちがっている漢字を、正しい漢字に直してみよう。／正しい漢字を表の中から探してぬりつぶすと、約束の時間が分かるはずじゃ。」

　今度の近労感謝の日に、野球の大会があります。野球連明の人や野球表論家がいらっしゃる予定です。雑志記者も取材にいらっしゃるそうなので、今から興粉しています。

　これまでみんなで力を合わせてチームの改各に取り組んできました。今度の大会で仕合に勝てば、わたしたちのチームの自心につながるでしょう。

　適は弱くはありません。遠長戦にもつれこむかもしれません。しかし、こちらには強い味方がついています。大人から子どもまで大勢の人で講成する大応えん団には、適もびっくりすることでしょう。陛会式にトロフィーを受け取るのは、きっとわがチームです。

　今日、適チームの仕合栄像を入手しました。作戦会議を開いて対作を練りましょう。明日の朝、★時、校庭で待っています。必ず来てください。

　十一月十五日

野球チーム主少より

チームのみなさんへ

（表）

遠	平	疑	格	昨	黄	選
章	議	試	映	勤	誌	高
港	敵	装	構	機	信	覚
詩	策	的	盟	笛	革	線
糸	奮	将	閉	延	評	票
粉	英	省	師	均	命	角

図1.3.2　64ステージ 防災の「やってみよう」

出所：品川区教育委員会事務局国語科カリキュラム作成部会編『漢字ステージ100　5・6・7（8・9）年生』光村図書より引用

へと順に習う、あるいは同じ部首のものをまとめて学習するといった発想とは根本的に異なっていることがわかる。また、読解教材の読み進めに合わせて、新出漢字を習得していくというものでもない。児童の活動を念頭において、教科書から独立した体系として設けられたステージを積み重ねていくというものである。

漢字・語彙指導の関連性を重視し、より多くの漢字をより効率的に学習させようという工夫が随所に取り入れられた独創的なテキストということができよう。このような方法が児童生徒の漢字・語彙学習の定着にどのように影響したかということについての、長期的な調査を期待したい。

4．国語科における「話すこと・聞くこと」の指導

第2節で述べたとおり、協働的な学びの基盤ともいうべきコミュニケーションの能力を、どのようにして確かなものにするかが重要な課題となる。朝の会などで順番にスピーチをするなどの活動も有効だが、やはり国語科において、的確で効果的な「話すこと・聞くこと」の指導がなされなければならない。

品川区の小中一貫教育においては「話すこと・聞くこと」の目標を次のように設定し、9年間を通しての系統的指導の実現を図ろうとしている。

【第1学年及び第2学年】

相手に応じ、身近なことなどについて、事柄の順序を考えながら話す能力、大事なことを落とさないように聞く能力、話題に沿って話し合う能力を身に付けさせるとともに、進んで話したり聞いたりしようとする態度を育てる。

【第3学年及び第4学年】

相手や目的に応じ、調べたことなどについて、筋道を立てて話す能力、話の中心に気をつけて聞く能力、進行に沿って話し合う能力を身に付けさせるとともに、工夫をしながら話したり聞いたりする態度を育てる。

【第5学年、第6学年及び第7学年】

目的や場所に応じ、日常生活に関わることなどについて構成を工夫して話す能力、話題や方向をとらえて話し合う能力を身に付けさせると共に、話したり聞いたりして考えをまとめようとする態度を育てる。

【第8学年及び第9学年】

目的や場所に応じ、社会生活に関わることなどについて、相手の立場や考えの違いを踏まえて話す能力、考えを比べ、表現の工夫を評価しながら

聞く能力、相手の立場を尊重しつつ課題解決に向けて話し合う能力を身に付けさせるとともに、話したり聞いたりして考えを豊かにしようとする態度を育てる。

それぞれの段階ごとに、言語発達上の壁ともいうべきものが存在している。そこでつまずくことなく、学習者が自己の能力をステップアップしていくことができるような、指導者の配慮が必要になる。9年間の教育の入り口に位置する1年生の段階は、とりわけ難関であるといってよいだろう。身近な家族と一対一でなされてきた対話から、多数の児童のなかの一人として教師や同級生と言葉を交わす段階へと飛躍するからである。

品川区立八潮学園では、1年生の国語科授業単元「ともだちに、きいて　みよう」を設けて、以下のような実践を試みている(6)。

入門期の児童が、話の筋に沿って進んで話し合えるようにするためには、次の2点が重要であると考えられる。

①子どもたちが興味をもつような話題を用意すること

②子どもたちが必然的に話し合おうとする環境を設定すること

そこで本単元では、自分の1番がんばっていることを話題とした。入学から半年が経ち、友だちの輪も広がり、友だちへの関心も高くなってきている。そして友だちのいいところを素直にほめられる時期であることからも、友だちのがんばりを知って関心をもち、認めていくことは互いの人間関係を深めることにもなる。

また、本単元では、自分の1番がんばっていることについて友だちに発表するのだが、発表の前にそれが何かを聞いている友だちに当ててもらう、3人組（発表者1人、話し合って質問する者2人）によるクイズ形式の話し合いを設定した。質問者は2人で相談し、発表者に質問をしながら、1番がんばっていることは何なのかを考えていく。話し合いをする過程で、まず一人ひとりが自分の意見を出しあい、話題の筋にそって話し合うことができる力を育んでいきたい。

そして、解答が出されたあとには出題者が自分の１番がんばっていることについてのスピーチをし、聞き手はそれについて感想をもつという活動をすることで、言葉を通して思いを交わし合うことの楽しさを知り、声の大きさや言葉遣いを意識して話したり聞いたりできるようにしていきたい。

がんばっていることのなかには、自分だけが知っているエピソードが含まれている。友だちの話を聞くときにはがんばっていることそのものだけではなく、まつわるエピソードを知りたい、という意欲をもたせるようにしたい。どんな質問をしたらいいのかわからない児童も多いと考えられる。本単元では、はじめに教師が見本を示してそれを聞き、質問させる活動を行い、どんなことが質問できるか押さえていきたい。

全６時間のこの単元は、このようにクイズを出しあう活動を軸として、メモの取り方や発表原稿の作成、話し合いなどの指導も含めつつ展開していく。３人という少人数に限定されたグループでの学びを、ワークシートの活用や机間指導の多用によってきめ細かく支援する実践になっていることが、学習指導計画の記述からはうかがえる。１年生の言語発達の段階を十分に配慮したものといってよいだろう。

以上、「市民科」の試み、漢字・語彙学習、「話すこと・聞くこと」の指導の三つの観点から品川区での試みを紹介した。紙幅の都合もあって、言及できたのはそれぞれのほんの一部でしかない。さらに、品川区の小中一貫の教育課程のなかでは、国語科の内外を問わず、これ以外にも多数の意欲的な試みがなされている。

とはいえ、この新しい教育課程の９年間を修了しての卒業生、2016（平成28）年の３月でようやく２回目を迎えたばかりである。その成果と課題については、今後継続的に、より詳細な検討がなされなくてはならないだろう。とりわけ、【基本方針３】に記された「豊かな情緒力・想像力」の育成と「児童生徒の読書習慣を形成」とのかかわりや、【基本方針４】に記された「思考力」

を高める「論理的言語技術」の習得などについての、具体的な報告を期待したい。

注

（1）品川区教育委員会『品川区小中一貫教育要領』講談社、2005年。同『品川区教育フォーラム　品川教育ルネサンス―For The Next Generation―』2016年。

（2）同上『品川区教育フォーラム　品川教育ルネサンス―For The Next Generation―』

（3）東京都教職員研修センター研修部教育開発課『(小学校・中学校) 多様な教育課題に対応したカリキュラムモデル』東京都教職員研修センター、2015年。

（4）前掲、品川区教育委員会『品川区小中一貫教育要領』

（5）品川区教育委員会事務局国語科カリキュラム作成部会編、光村図書、初版は2006年、第二版2008年、改訂版2012年。

（6）品川区立小中一貫校八潮学園『平成27年度　研究紀要』に掲載されている高木裕子氏の実践を用いている。

4 オーセンティックな学びとこれからの国語科教育
―「実の場」における指導と教師の姿勢―

1．国語（科）教育は何を教えてきたのか[(1)]

大学で教師養成の仕事に携わるようになってから、長く携わった中学校教員、指導主事、副校長、校長の時以上に、人生における「言語」の恐るべき優位性に思いを馳せることが多い。こんなに重視されてよいのかという思いである。

とくに教員志望の学生に対して、採用試験合格のためのさまざまな取り組みを行っている際に、これほど「言語表現」に重きをおいて教師が選抜されてよいのかと感じるくらい、教員採用試験では言語表現が重視されている。もちろん、教師養成は教員採用試験に合格することだけではない。しかし、現実にはそれが教師人生の入り口であることはまず間違いない。教員採用試験には一般教養、教育法規理解、教職教養、専門教養などの成績もあるが、多くの設問は概ね四択の選択肢であり、さほど困難であるとはいえない。教員になるための最低限の知識・理解である。やはり学生にとっての大きな関門は、いわゆる「論作文」と「面接（個人・集団）」である。正直、これがあまりできない。

しかし、考えてみれば、何も教員の世界だけでなくどの職種や業界でも、書いたり話したりする言語表現や技能はこれでもかというほど重視され、多くの場合、採用試験や昇任試験は論文やレポート、そして面接である。少なくともそれがメインであるといえる。たしかに、数値に表れる営業成績や業績評価以外、人のパフォーマンスを適切に評価する方法は言語表現しかないともいえる。

自己アピール、エントリーシート、論作文、集団や個人の面接や協議など、人生を決定するあらゆるものが言語表現を媒介としており、その内容吟味と形式の巧緻さにより自分のキャリア形成が決定していくというのが現実である。

振り返って、小・中・高等学校の国語科指導の現実はどうかといえば、2014年採択の小学校教科書や2015年採択の中学校教科書を見ても、色や形などのデザイン面は大きく変化したが、内容的には必ずしもそれほど多様ではない。

正直なところ、採択率が高い教科書は30年前の教科書とさほど変わらない。相変わらずどの社も定番教材を漏れなく採用し、漢字や語句をきちんと身につけ、表現の知識や技能を方法知として提供している。そして、どちらかといえばやはり読解中心で、知識・理解・技能に重きをおいている。表現の仕方、つまり話し方や書き方を実践的に教えるような単元もあるが、実際の現場ではさほど重視されてはいない。手間暇がかかる、やりにくい、方法や様式が十分ではない、入学試験に直結していないなど、どうしても読解系の指導が表現系よりは多い。結局、そのような教科書でなければ採択されないのである。教師だけでなく、教育委員など教科書採択者の意向やイメージも、最終的には自分の教わった昔の国語教科書のイメージから脱していないことから、つまるところ、どの教科書も似てしまうのである。

現在、次期学習指導要領をふまえ、いわゆるアクティブ・ラーニング（A.L.）など、グローバル化する世界に対応する教育が求められつつあるが、少なくとも中学校や高等学校の国語教育の世界では、この手の議論は少しはすに構えて受け取られる。英語教育や理数教育とは異なり、母語である日本語の指導について、概ねイメージができ上がっており、ドラスティックに入試問題が変わらない以上、正直なところさほど変わることはないとうそぶく教師もいる。

反面、否、だからこそ、20年前のすぐれた実践は今でも引き続きすぐれた実践であり、果たしてそれを越える取り組みが啓発され指導され、増えているのかといえば、必ずしもそうではないともいえる。国語（科）教育や国語科の教科書をより社会が求めるこれからの言語教育という観点から見直すには、今少し国語教師、あるいは言語の教科を指導する教師として、自分の立ち位置を考え、一体何を指導しているのかについて、再考する必要があるだろう。

2．オーセンティックな国語教育の勧め

校長として勤務していたころ、中学校国語科における言語活動の授業実践として、担当国語科教員と一緒に開発した実践がある。それは、高等学校入学試験のための面接指導に向けての面接訓練である(2)。この実践をとある研究会

で報告したところ、評価が二分した。高校受験という生々しい実際に役立つような実利的な国語教育でいいのかどうかという議論である。とまれ、その実践はおよそ次のように行った。

①準備段階：集団面接の概要・目的・ポイント・敬語の使い方などを全体に指導し、共通理解する。
②グループ編成：学習グループ４人で面接者・面接官・それぞれの評価者を決める。
③模擬面接：グループで面接練習を行う。その際、評価カードを用い、ローテーションですべての役割が実施できるようにする。
④振り返り：各グループで気づいたこと、考えたことを交流し、学級全体で共有する。
⑤模範面接：代表者数名による面接を実施し、全員で観察・検討・評価し、自らの面接に生かす。

そこに掲載した実践は個人面接だけであったが、次年度からむしろ集団面接に力をいれて挑戦していった。これは、４～６人程度のグループを形成し、集団討議（話し合い）や協議を行うものである。個人面接同様に、それぞれ面接グループと面接評価グループの立場で実際の面接を体験し、一人ひとりの面接者への評価担当者を決めて評価する。そして、両グループでそれを振り返り総括し、そのノウハウを共有する。実はこのやり方は筆者が大学にて教員採用試験対策で開発して実施しているものである。

当時、一度この実践を教科書に掲載しようと編集委員として画策したが、あまりに実利的すぎるといわれ編集会議では却下されてしまった。実利的であるという判断は研究会で評価が分かれたことと同様であった。しかし、この授業は実に好評であり、当該中学校の年間指導計画にも位置づけられ、現在も引き続き実践されている。生徒にも保護者にも、そして学年の教師にも大変好評であり、入学試験対策としても効果的であった。

このような指導が、オーセンティック（Authentic：真正・「実の場」）な指導といえるかどうかわからないが、実生活や社会のなかで生きて働く国語力や表現力を育成するものであることは間違いないと考える。

3．オーセンティックな教育はどうあるべきか

そもそもオーセンティック（Authentic）とはどのようなものか、次に少し検討してみたい。辞書によれば、オーセンティックとは、①「信ずべき、確実な、典拠のある」 ②「真正の、本物の」という訳語が見られる。筆者が用いている定義では、②である。つまり、実際の現実の社会のなかでその学習が機能することが条件なのである。

「真正な学び」（Authentic Learning）について、数冊の文献を参照した(3)。何と英語版のウィキペディア（Wikipedia）の解説が最もわかりやすく明確、そのうえ誰でもがアクセスできることから、ここに参照したい。文献だけを信頼する方は読み飛ばしてかまわない。筆者の訳が不十分（多分そうだろうが）と思われ方はぜひ原文にあたってほしい。

以下、定義に関する説明の意訳である。「真正な学び（Authentic learning）とは、（伝統的な教師主導型の指導とは異なり：訳者追記）学習はアクティブなアプローチによる社会構成（主義）的な方向をとるものであるとする。実際の社会の文脈のなかにおける、自立的な探究心、問題解決、批判的な思考、振り返りを通して、彼ら生徒が自分自身の知識を構築するために、さまざまな機会を提供するのが教師の役割である。この知識の構築は、生徒達の既成知識や経験のみならず、周囲の価値観や期待、そのことへの見返りや承認などによって特徴づけられる学習環境により強く影響される。教育はもっと生徒中心のものである。生徒はもはや単に抽象的かつ人工的な状況のなかで暗記ものを学ぶのではなく、現実に根ざすよう経験したり情報を活用したりするのである」(4)。さらに「真正な学び」の特徴を以下のようなものとしている（訳は箇条書き）(5)。

1.「真正な学び」は、学習者にとって興味がある、実際の社会の課題に関係する本物を中核にした課題であること。
2. 生徒は知的興味と探究に実際にかかわること。
3. 学習は、多くの場合、学際的（領域横断型）であること。それは、いくつかの領域を統合する内容となり、限られた一領域だけの結果を越えた成果を導くこととなる。
4. 教室の枠を越えた、世界に近づく学びであること。
5. 生徒は、情報を分析したり、統合したり、デザインしたり、操作処理したり、評価したりする複雑な課題や高度な思考の技術にかかわるだろうこと。
6. 当初、その疑問や問題について、初めからそれが収斂されているわけではないので、生徒は自分たち独自の対応や疑問を提示することになること。学習経験の成果はあらかじめ決められるものではないこと(5)。
7. 生徒の制作した作品は教室の外の視聴者に公開されること。それらの作品はそれ自体の価値をもち、単に成績の対象となるものにしてはならないこと。
8. 結果としての作品は、必ず公開され批評されること、このフィードバックは学習者に彼らの学習を振り返らせ、より深めさせることになること。
9. 生徒は、学習過程のなかで、家庭教師、級友、教師、保護者および外部の専門家すべての支援やコーチングにより、動機づけられること。
10. 学習者は危なっかしいときほど、土台となる基本を学ぶものだということ。
11. 生徒は公的協議、協働、そして振り返りの機会を有すること。
12. 幅広いリソースが提供されること。
13. 実際の社会の評価と同様に、「真正の学習」での評価は学習課題のなかで絶え間なく統合されていくこと。「真正の評価」として、このことはよく知られており、知識や技能がきっと獲得されただろうとテストする伝統的な学習評価とはまったく異なること。
14.「真正の学び」は生徒に、たった一つの正解ではなく、複数の解決や結果の多様性を競い合うことを許すよう、問題を異なった考え方から検証する機会を提供すること(6)。
15. 生徒は彼らの学習過程の途中で、あるいは最終の彼らの学習作品について、説明する機会を提供されること(7)。

これらに示されるように、現実の世界を対象とし、そのなかで有機的に機能するような学習を意図的・計画的に組織することが望ましいと考える。

4. 教師に求められるオーセンティックな対応

1994（平成6）年、筆者は上越教育大学大学院での修士論文(8)作成のため、米国ミネソタ州の公立中学校にほぼ1カ月滞在し、英語の授業を定性的観察した。22年前の実践ではあるが、強く印象に残る経験であり、今でも筆者のなかに大きな位置を占める。最近それを自費出版し、渡米して当時お世話になった方々に渡す機会を得た。かつて定性的観察をしたのは英語科教師・ジェリー・

バートーの教室であり、彼はその時期、ホール・ランゲージやプロジェクト型の学習を手がけていた。正にオーセンティックな学習を指導していたのである。

そのなかに、教師自身がオーセンティックであれとの話があったので、一部引用する。現代の状況のなかでは、われわれは伝統的な知識の伝達・教授を教育の権威によって行おうとするのではなく、生徒とともに新しい方向に歩みだす教育を実現していくことを考えねばならない。ジェリーの教室はその可能性についての一つのありようを示していると考えることができる。

○教師のオーセンシティ（Authentic, Authenticity）

ジェリーの教育行為のなかで最もユニークであると考えられることは、生徒と一緒にほぼ同一の学習課題を行なっていくということである。たとえば、「エッセイテスト」についても彼はそれなりの「答え」を書いている。彼は、「生徒が２時間かけてやる仕事だから、20分位はかかるけれども」と笑いながら、朝少し早く来てコンピューターの前に座りプリントを打ちだしていた。

９月最初に両親に対して配布する８年生の英語（国語）についてのガイド A Parent's Guide to English 8 には、彼が国語科教室で何を行っていくつもりであるかがよく表わされている。そのなかで彼は日常の授業課程として、次のような説明をしている。

「私は生徒たちのなかで仕事をするのが好きです。通路を行き来しては、個々の生徒を援助し、さまざまな提案や助言をします。私は常に前向きです。また、友好的かつ啓発的であろうとしています。作品例を示したり、自分でやってみたりして例を通じて指導しますし、生徒に出しているすべての課題を自分でもやってみます。授業は普通、ミニレッスンで始めます。生徒たちはその間ノートを取ります。短い講義に続いて、彼らには、静かに書く時間、静かに読む時間、それぞれの作品を読み合ったり、下書きを交換したりする時間があります」。

さらに、自分でやるばかりではなく、途中経過も含めてそれを生徒に提示する。「オーセンティック」についての私のインタビューで彼は次のように語る。

「そうですね。それで、そのなかでも大切なのは、先生自身が『オーセンティック（Authentic）』であるということです。教師の行動がそうでなければいけないということです。もし本当に、ホール・ランゲージの教師であろうとするならば、教室の中で彼自身がそうでなくてはなりません。つまり『贋物』fake の先生ではいけないということでしょうか。あなたはあなた自身でなくてはならないということです。例えば、隣のエリザベス（８学年の英語科教師）の教室は、私の教室とは違っています。それは、彼女が一人の人間であり、私もまたそうであるからで、同じ教室はあり得ないのです。自分自身であるということは、自分自身のやり方でやってみるということです。あなた自身であるということが最も重要なのです」。

つまり、自分自身であること、そしてそれを生徒の前で明らかにしていくことが重要なのである。また、彼は次のように話してくれたこともあった。

> 「自分自身であるということは、私も一人の人間としてさまざまな生活があり、さまざまな感情や考えがあって、それらを生徒とともに教室で共有していこうとすることも含みます。自分が教室のなかで本当の自分でないというのに、どうして生徒に本当の自分を出すようにいえるのでしょうか。作品にしても、絶対に手抜きはせず、生徒に合わせてつくるということはありません。自分が考えたとおり正直につくるようにしています。そういう姿勢のなかで、生徒も本当にそれならばと、安心して自分自身でいられるという気持ちになるのではないでしょうか」。

したがって、彼は年度の最初につくる「自己ポートフォリオ（Portfolio）」においても、生徒が本当の自分を出せるように、自分自身も進んで本当の自分を出して、家族のことを紹介したり、自分の過去を語ったりするのである。

このように、彼は自己を本当に明らかにすることによって、生徒と同じ人間的地平に立とうとする。彼にとって「オーセンティシティやオーセンティック」とは「本物志向」であるということができる(9)（以上、一部省略）。

5．オーセンティックな国語教育への若干の提案

さて、以下に示すものが筆者の提案である。

1．実生活に役立つ知識や技能を国語科教育のなかでより積極的に取り入れる。
2．できる力（コンピテンシー）を高めるために、実際の作業や活動を行う。
3．国語科に限らず内容（コンテンツ）としての体験や経験を中核に、その前後に活動のための学習（準備と振り返りなど活動に伴うメタ認知の学習）を行い、それらを皆で共有する。
4．単なる知識ではなく、使える力や生きる力の獲得が必要であることを強調し、生徒に自覚させ、その方針の下で実践の「場数」を踏ませる。
5．国語科授業のなかで読書、作文、スピーチ、協議や討議、報告・発表など、十分程度の実作の時間を帯単元方式で多く取り入れる。

社会で役立つ国語の知識や技能をきちんと身につけてほしいと国語科の教員

は誰もが願っている。しかし、それは必ずしも与えられて身につくものではない。それはあくまでも、自らの必要により意欲をもち獲得した経験や体験に基づく方法知なのである。

大学での論作文指導では当初こまめに朱筆を入れていた。それがまったく役に立たないとはいわないが、正直なところ学生の論作文力向上にはあまりつながらなかった。筆者が直すとおりに書いても汎用性のある、転移する本人の力にはならないのである。そこでわれわれ教師は現在、一人30分程度で個別指導をしている。論作文を読み、何が言いたいのかを確認し、それに基づき適切な表現形式を指導する。これを継続することで、当初とはまったく異なる確かな論作文が完成する。これは学生の自信を高め、同時に対話などの表現力をも向上させる。まさに、実作の力である。また最近は、演習方式によるグループ指導にも取り組んでいる。お互いに書いた論作文を読み合い相互批評を行う。批評する力は翻って自分の論を展開する力となる。

アクティブ・ラーニングを実現するためにも、よりオーセンティックな（真性の現実の社会に近い、実際的な）取り組みに国語（科）教育がシフトすることを改めて提案したい。

注

（1）本章は、吉田和夫「国語教育展望／『実学』としての国語（科）教育の提案」（日本国語教育学会編『月刊国語教育研究』2015年７月号、№ 519、pp. 36-37）を大幅に書き改めたものである。

（2）「対話の中で自分を上手に表現するための技能を身につけよう！」水戸部修治編『言語活動モデル事例集』教育開発研究所発行、2011年、pp. 113-115

（3）Michael L. Slavkin（2004）Authentic Learning: How Learning About the Brain Can Shape the Development of Students, ペーパーバック、2004/4/2 ほか

（4）Newmann, F., Marks, H., & Gamoran, A.（1995）. Authentic pedagogy: Standards that boost student performance. *Issues in Restructuring Schools*, 8, 1-12. 以下、注はすべて英語版のウィキペディア（Wikipedia）をもとに、原本は参照した。https://en.wikipedia.org/wiki/Authentic_Learning#cite_note-11

（5）Blumenfeld, Phyllis C.; Soloway, Elliot; Marx, Ronald W.; Krajcik, Joseph S.; Guzdial, Mark; Palincsar, Annemarie（1991）“Motivating Project-Based Learning: Sustaining the Doing, Supporting the Learning" *Educational Psychologist*. 26（3 & 4）: 369-398.

（6）Donovan, S., Bransford, J., & Pellegrino（1999）*How People Learn: Bridging Research and Practice*. Washington, DC: National Academy of Sciences, Newmann, F., Marks, H., & Gamoran, A.（1995）. Authentic pedagogy: Standards that boost student performance. *Issues in Restructuring Schools*, 8, 1-12., Herrington, J., & Oliver, R.（2000）. An instructional design framework for authentic learning environments. *Educational Technology Research and Development*, 48（3）, 23-48, Lombardi, M.（2007）. Authentic learning for the 21st century: An overview. EduCause Learning Initiative. *ELI Paper* 1: 2007., Mims, C.（2003）. Authentic learning: A practical introduction and guide for implementation. *The Meridian Journal*, 6（1）, Article 6, Rule, A.（2006）. The components of authentic learning. *Journal of Authentic Learning*, 3（1）, 1-10.

（7）Harrington, Jan（October 13-17, 2006）. "Authentic e-learning in higher education: Designing principles for authentic learning environments and tasks". *Key note address at World Conference on E-Learning in Corporate, Government, Healthcare, and Higher Education*（ELEARN）2006. Retrieved 25 October 2014.

（8）吉田和夫「国語科における言語教育行為の可能性についての考察　―米国ミネソタ州ミドルスクールにおける事例の検討を中心に―」1994（平成6）年、2016年2月復刻版発行（一般社団法人教育デザイン研究所）

（9）同上、pp. 47-48

コラム① アクティブ・ラーニングの基盤となる言語環境づくり

愛媛県の北東部に位置し、高縄半島の東半分を占める陸地部と、芸予諸島の南半分の島嶼部からなる今治市は、緑豊かな山間地域を背景に、中心市街地の位置する平野部から多島美を誇る青い海原まで、変化に富んだ地勢となっている。本校の校区は2013年４月、今治市立美須賀中学校との統合により、今治駅から今治港に至る今治市街地の大半を占めることになった。同時に、生徒数556名・教員数45名の市内最大規模の中学校となった。生徒は全般的に明るく活発で物怖じせず、意欲的で個性豊かである。学習面でも、自分の将来を真剣に見つめ、真面目に取り組んでいる。また、公共団体や地域、学校、家庭が一体となって催すボランティア活動など諸々の活動にも意欲的、自主的に参加する生徒が多い。

2015年11月13日、本校を会場に第44回全日本中学校国語教育研究大会が開催された。大会主題「生きてはたらく言葉の力を育む授業の創造―今求められる言語活動を中心に―」をうけ、本校では「生きてはたらく言葉の力を身に付け、高め合う生徒の育成」を研究主題に、３年間取り組んできた研究の成果を発表する大きな機会を与えていただいた。

参加された先生方が最も驚かれたのは「全国大会の研究授業を日吉中学校１校の生徒と教職員で完結したこと」だった。2015年４月に市内の４小学校（今治小学校・美須賀小学校・日吉小学校・城東小学校）が統合してできた本校区内の今治市立吹揚小学校で、同日、第27回四国国語教育研究大会が開催されたように、本大会は第68回愛媛県国語教育研究大会を兼ねている。さらに言えば小中学校とも第20回四国書写教育研究大会も兼ねている。

研究母体である愛媛県教育研究協議会は設立以来、中学校と小学校の教職員が一つになって各教科等委員会を構成し、研究に努めてきた。国語委員会においても、その特長を生かして、小中学校それぞれの特性と現状を踏まえつつ、９年間の子どもの発達を見通した国語教育のあり方を一体的に研究してきた。

もちろん全国大会に向けて研究授業や指導案審議を何度も行い、研究内容を授業のなかで具現化したり問題点をあげたりしながら、多くの時間をかけて研究を進めてきたが、そこには愛媛県教育研究協議会今治・越智支部国語委員会の中学校国語科部員50名の先生方の献身的な協力があった。さらにその基盤は、今年63周年を迎える「潮」の会、52周年を迎える国語同好会の発展に尽くしてこられた多くの先輩方がこれまで築き上げてきた今治・越智の国語教育の功績にある。同好会顧問である愛媛大学副学長・教育学部長　三浦和尚先生、愛媛大学教育学部教授　中西淳先生からは研究授業の指導助言だけでなく、研究当初から理論面でのご支援を賜り、首尾一貫して研究に邁進することができた。本研究会を通して、今治・越智の国語科教員の底力を、そしてその重みを実感できた大会といえる。

アクティブ・ラーニングの基盤として本校が「言語活動の充実」のために取り組んできたことを振り返る。

1　掲示コーナーの充実

（１）校内掲示

全校生徒がよく見る掲示板に、季節感のある掲示物や各教科等の学習の成果を掲示している。全校一斉に作った俳句や短歌から優秀作品を取り上げ、「校長賞」「教頭賞」「国語科賞」などを設けて称揚した。生徒の注目を集め、掲示板の前で自分のお気に入りの作品を選ぶ姿が数多く見られた。

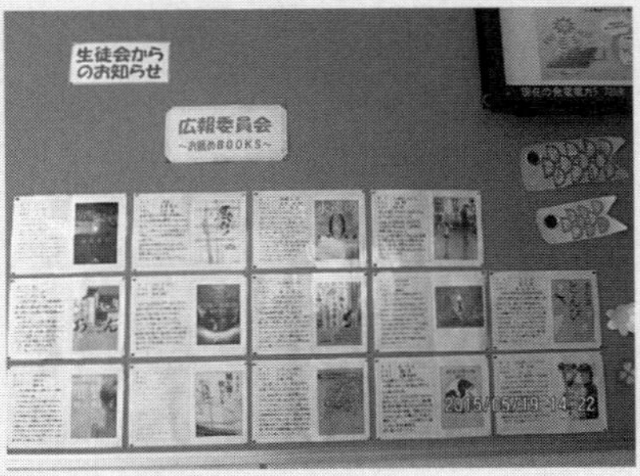

1年生が校内の美術作品を題材に鑑賞文を書く単元を行った際には、すぐれた鑑賞文と美術品を「日吉美術館ナビゲート資料」として掲示した。校内掲示に生かすことは、学習の動機づけになるとともにすぐれた作品からよりよい表現を学ぶうえでも効果的であった。

2年生では、国語科「説明の仕方を工夫しよう」と英語科「英文日記を書こう」の授業を同じ時期に実施した。作品を並べて掲示したことにより、それぞれの教科で学習したことが互いに生かされていることに気づかせることができた。

春には、1年生が3学期に学級活動で作成した「新入生へ中学校生活のアドバイス」を掲示したり、夏には季節感のある掲示物に芭蕉・子規らの俳句を合わせて掲示したり、楽しく温かみのある言葉が常に身近に感じられるように心掛けている。

（2）国語コーナー

各学年の教室近くにある掲示板には、それぞれの学年の授業で扱う教材に関心をもたせるため、作者の他の著書などを紹介するコーナーを設置した。これを見て学校図書館を訪れる生徒もおり、授業内容を深めることにもつながった。

（3）図書コーナー

学校図書館は2015年に増築された新校舎にあるため、設備が新しく人気がある。その前の広い廊下には広報委員会が作成したお薦めの本の紹介を毎月掲示し、読書案内を行っている。

2　地域文集「潮」の活用

「潮」とは、今年度で創刊63周年を迎える今治市・越智郡の地域文集である。小学校低中高学年および中学校別に毎月発刊している。4月の購読のお願いに始まり、ほとんどの学校が毎月作品をまとめて投稿し、その選や選評、発刊に至るまで、印刷は別として今治・越智の教員のボランティアによるものである。児童生徒の投稿した作文・詩・俳句・短歌が掲載され、自分や友だちの作品が掲載されるのをとても楽しみにしている。

本校でも「潮作品」掲示コーナーを設置し、毎月「潮」に入選した作品を掲示して称揚したり、各教室に「潮」の投稿用紙や季語一覧表をおいたりして、生徒の日常体験を言葉に結びつけられるように言語環境づくりを工夫している。

授業にも「潮」に掲載された作品を教材として用いている。1年生では「潮」入選作文と自分の作文とを観点別に比較し、課題を絞って改善案を考えた。2年生では、短歌の学習のまとめとして鑑賞文を書く際のモデルとして活用した。短歌の鑑賞文にはどのような視点が含まれるとよいかを話し合わせるとともに、短歌の情景の捉え方についても自分の考えと入選作品を比較して考えを深めさせることができた。

「潮」には、毎月本校生徒の作品が掲載される。入選をめざすことが書くことの励みになること、学習のモデルになるようなよい作品に多くふれられることなど、言葉の力を高める効果は抜群である。また、学校行事や部活動など、同じ時期に同じような体験をしている同年代の生徒が生き生きとした言葉で書き表しているのをみて、書くべきことは身近にたくさんあることに気づかせたり、ものの見方や考え方を広げたりするためにも有効であり、今治市や越智郡の国語教育にとって、なくてはならないものとなっている。

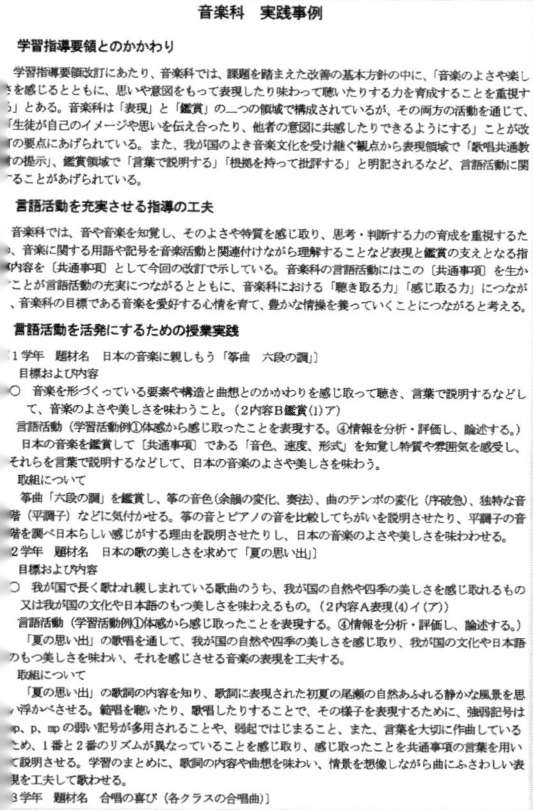

音楽科　実践事例

学習指導要領とのかかわり

学習指導要領改訂にあたり、音楽科では、課題を踏まえた改善の基本方針の中に、「音楽のよさや楽しさを感じるとともに、思いや意図をもって表現したり味わって聴いたりする力を育成することを重視する」とある。音楽科は「表現」と「鑑賞」の二つの領域で構成されているが、その両方の活動を通じて、「生徒が自己のイメージや思いを伝え合ったり、他者の意図に共感したりできるようにする」ことが改訂の要点にあげられている。また、我が国のよき音楽文化を受け継ぐ観点から表現領域で「歌唱共通教材の提示」、鑑賞領域で「言葉で説明する」「根拠を持って批評する」と明記されるなど、言語活動に関することがあげられている。

言語活動を充実させる指導の工夫

音楽科では、音や音楽を知覚し、そのよさや特質を感じ取り、思考・判断する力の育成を重視するため、音楽に関する用語や記号を音楽活動と関連付けながら理解することなど表現と鑑賞の支えとなる指導内容を〔共通事項〕として今回の改訂で示している。音楽科の言語活動にはこの〔共通事項〕を生かすことが言語活動の充実につながるとともに、音楽科における「聴き取る力」「感じ取る力」につながり、音楽科の目標である音楽を愛好する心情を育て、豊かな情操を養っていくことにつながると考える。

言語活動を活発にするための授業実践

〔1学年　題材名　日本の音楽に親しもう「箏曲　六段の調」〕

目標および内容

○　音楽を形づくっている要素や構造と曲想とのかかわりを感じ取って聴き、言葉で説明するなどして、音楽のよさや美しさを味わうこと。（2内容B鑑賞(1)ア）

言語活動（学習活動例①体感から感じ取ったことを表現する。④情報を分析・評価し、論述する。）

日本の音楽を鑑賞して〔共通事項〕である「音色、速度、形式」を知覚し特質や雰囲気を感受し、それらを言葉で説明するなどして、日本の音楽のよさや美しさを味わう。

取組について

箏曲「六段の調」を鑑賞し、箏の音色（余韻の変化、奏法）、曲のテンポの変化（序破急）、独特な音階（平調子）などに気付かせる。箏の音とピアノの音を比較してちがいを説明させたり、平調子の音階を調べ日本らしい感じがする理由を説明させたりし、日本の音楽のよさや美しさを味わわせる。

〔2学年　題材名　日本の歌の美しさを求めて「夏の思い出」〕

目標および内容

○　我が国で長く歌われ親しまれている歌曲のうち、我が国の自然や四季の美しさを感じ取れるもの又は我が国の文化や日本語のもつ美しさを味わえるもの。（2内容A表現(4)イ(ア)）

言語活動（学習活動例①体感から感じ取ったことを表現する。④情報を分析・評価し、論述する。）

「夏の思い出」の歌唱を通して、我が国の自然や四季の美しさを感じ取り、我が国の文化や日本語のもつ美しさを味わい、それを感じさせる音楽の表現を工夫する。

取組について

「夏の思い出」の歌詞の内容を知り、歌詞に表現された初夏の尾瀬の自然あふれる静かな風景を思い浮かべさせる。範唱を聴いたり、歌唱したりすることで、その様子を表現するために、強弱記号はpp、p、mp の弱い記号が多用されることや、弱起ではじまること、また、言葉を大切に作曲しているため、1番と2番のリズムが異なっていることを感じ取り、感じ取ったことを共通事項の言葉を用いて説明させる。学習のまとめに、歌詞の内容や曲想を味わい、情景を想像しながら曲にふさわしい表現を工夫して歌わせる。

〔3学年　題材名　合唱の喜び（各クラスの合唱曲）〕

3　国語科を中核に各教科で「言語活動の充実」を図るための資料の作成

学習指導要領を軸に、その目標や指導事項及び言語活動例をもとにした国語科での学びが各教科等の学びにどう生かされていくのかを明確にするための一覧表を作成した。

国語科でどのような言語活動を行い、それが各教科等のどのような場面で生かされるかをすべての教職員が把握するために効果があった。これにより、各教科等と有機的に結びついた、より効果的な言語活動を選択することができ、各教科等の学習に生きてはたらく言葉の力を育むことができると思われる。

また、この資料をもとに行った言語活動を実践例としてまとめた。実践に当たっては活動ありきにならぬよう、各教科等の目標を達成する手段としてどのような言語活動が有効であるか、言語活動を充実させるためにどのような指導上の工夫が必要であるかについて考察できた。

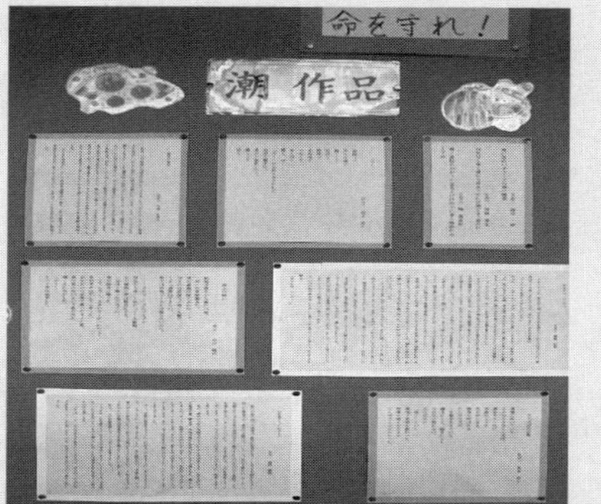

1 グループでの話し合いを中心にした「問い」を解決する小学校5年生の説明文の授業

単元名　　伝記を読んで人物をみつめ、自分をみつめよう
「洪庵のたいまつ」人物の生き方について考えよう（三省堂『小学生の国語　5年』）

1．単元の目標

登場人物の行動や生き方に着目して読み、人間の行動や生き方について、自分の考えを深める。

2．単元観

「洪庵のたいまつ」は、江戸末期に生まれたオランダ医学の医者である緒方洪庵の伝記である。江戸時代末期に適塾を開き、明治という新しい時代に活躍する人材を育てた洪庵の生き方が描かれている。しかも司馬遼太郎という作家の手で5年生の子どもたちに向けて書き下ろされた作品であり、作者の洪庵に対する思いが随所に書かれ、人物の人柄や業績が捉えやすくなっている。

伝記を読むことは、作者によって書かれた文章を通して、実在の人物の一生を想像のなかで生きることになる。少年少女時代のことが書かれてあれば自分も同じことができるのではないかと思い、生涯を通して成し遂げたことからは自分がこれから生きる大きなヒントを得るに違いない。今の時代は、過去の多くの人々が成し遂げたことにつながっている。伝記を読むことは人物を読むことであり、時代を読むことであり、自分の視野を広げることになる。さらに、自分が読み取ったことを発表しあい交流することで、自分の考えがより広がり深まる。人物の生き方を通して自分をみつめ、友だちを知ることになると考え、単元を設定した。

3．具体的な評価規準

関心・意欲・態度	読む能力	知識・理解・技能
人物の行動や生き方について、自分の考えを持ちながら読もうとしている。	人物の考え方や生き方をとらえて読み、人の生き方について自分なりの考えを持っている。	文章の構成の仕方や言葉の使い方に注意して読んでいる。

4．単元と評価の計画

次	生徒の学習内容	教師の指導・支援、評価方法
1	伝記を読んで自分を広げよう。 「洪庵のたいまつを読んで感想をもつ」 ①学習の見通しをもつ。 ②伝記って何だろう？　読書経験や知っていることを伝え合う。 ③教師の伝記紹介を聞き、学習のゴールのイメージをつかむ。 ③「洪庵のたいまつ」の読み聞かせを聞く。 ④タイトルの「たいまつ」について考える。 ⑤感想を書く。	・学習計画表を作成し、児童が学習の見通しをもてるようにする。 ・児童が学習のゴールがイメージできるように教師がモデルとなる伝記紹介をする。 ・教師、児童が一体感を感じられるように「読み聞かせ」をする。途中、予想や気持ちを問いかけながら対話を挟みながら読み進めていく。 評価：ノート、観察
2	感想を共有しよう。 ①学習の見通しをもつ。 ②座席表を読み合う。 ③並行読みする伝記を選ぶ。 ④学習感想を書く。	・前時に児童が書いた感想を座席表にまとめて一覧にしておく。 ・児童がさまざまな伝記を手に取れるように用意しておく。 評価：ノート、観察
3	洪庵の生涯を読み解いて、自分の考えを伝えよう１　場面１～４ ①めあてと全体の流れを確認する。 ②前時の感想を座席表で読み合う。 ③場面１～４をグループでリレー読みをし、内容を理解する。 ④場面の時代、場所、出来事を全体で確認をしてイメージをつくる。 ⑤問いをグループで読み解いていく。 ⑥読み解いた内容を全体で共有する。 ⑦学習の振り返りを書く。	・１時間の流れを児童が見通せるように、板書しておく。 ・前時に児童が書いた感想を座席表にまとめ一覧にしておく。 ・グループでの話し合いは１枚のワークシートにメモをしながら進めていく。ワークシートを共有することで話し合いに集中できるようにする。 ・ワークシートは、４つの問い「自分とのつながり」「印象に残ったこと」「賛成・反対」「これからにどう活かすか（一般化）を軸に、子どもたちの学習感想をもとに作成をする。 評価：ノート、ワークシート、発言
4	洪庵の生涯を読み解いて、自分の考えを伝えよう２　場面５～７ ①めあてと全体の流れを確認する。 ②前時の感想を座席表で読み合う ③場面５～７をグループでリレー読みをし、内容を理解する。 ④場面の時代、場所、出来事を全体で確認をしてイメージをつくる。 ⑤問いをペアで読み解いていく。	

	⑥読み解いた内容を全体で共有する。 ⑦学習の振り返りを書く。	
5	「洪庵のたいまつ」で学んだことって何だろう？ ①めあてと全体の流れを確認する。 ②自分の考えをまとめる。 ③全体で共有する。 ④自分が受け取った洪庵のたいまつとは？ ⑤自分の考えをまとめる。	・前時に児童が書いた感想を座席表にまとめて一覧にしておく。 ・1時間の流れを児童が見通せるように、板書しておく。 評価：ノート、観察
6	伝記を読んで、自分の考えを深める。 ①自分の気に入った人物について描かれた伝記を読み、その人物の生き方や考え方をまとめる。 ②選んだ人物の生き方や考え方について友だちと交流する。	・交流したあとには、感想や意見を付箋に書いて交換をする。 評価：ノート、観察、発表

5．アクティブ・ラーニング（A. L.）を取り入れた授業デザイン

①アクティブ・ラーニングによって期待される学習効果

国語の学習を通して、生涯にわたって読み続ける「すぐれた読み手」になってもらいたいと願っている。そのためには、教材を教師に「読まされる」「読みを与えられる」のではなく、「主体的に読むこと」が大切である。そうして考えていくと自ずと授業がアクティブ・ラーニングとなる。友だちとの学び合い活動を中心におくことで一人ひとりの子どもたちが友だちとかかわり支えられながら学習に主体的に取り組んでいき、さらには一人ひとりの違いや差から言葉を重ね自分たちの読みをつくり上げていくことができる。教科や単元を学ぶにとどまらず、①他者との協働、②コミュニケーション能力、③批判的な思考力、④学びに対する主体的な姿勢、などさまざまな力を身につけることができる。

②単元のデザイン

伝記を読むということは、人物に出会うということである。その出会いを大切にしていきたいと考えた。具体的には、子どもたちの「すごい」「かっこいい」「こうなりたい」という素直な感想を学習のスタートとした。そしてその根拠となった事実や経緯を言葉にしていくことで、より作品や人物に深く向き合っていけるだろう。さらにそれを友だちと共有することでより深く広くしていくことができる。

そこでグループでの協同的な読み取りを中心に取り組んでいくことを考えた。教師との一問一答で「読み取らせたい内容を読み取らせる」のではなく、友だちと読み合

5年　組　名前

国語「洪庵のたいまつ」～伝記を読んで自分の考えを持とう～

みんなは「伝記」を読んだことはありますか？「伝記」には、歴史に名を残した人物の生き方が描かれています。その人物の生き方から「僕もこういう人になりたいな」「私にもできるかもしれない」…そんな風にして自分の生き方や考え方を広げることができます。今回の学習では、実際に伝記を手にとって友達に紹介をしたいと思います。そのためにまずは教科書の「洪庵のたいまつ」を友達と一緒に読んで、洪庵の生き方、それに対する自分の考えを持つ練習をしていきましょう。

学習のめあて

□登場人物の行動や生き方に着目して伝記を読み、人間の行動や生き方について自分の考えを深める。

学び方のめあて

□友達と考えや感想を伝えあいながら協力して学ぶ。

学習の進め方

回数	内容	その他
1	「洪庵のたいまつ」を読んで感想を書こう □学習計画を知る。 □「たいまつ」ってなんだろう？ □「洪庵のたいまつ」の読み聞かせを聞く □感想を書く	
2	感想を共有しよう □座席表を読み合う □自分の一冊を決める。 □学習感想を書く	自分の１冊を決めよう 「　　　　　　　　」
3	洪庵の生涯を読み解いて、自分の考えを伝えよう １～４場面 □めあてと全体の流れを確認する。 □座席表を読み合う □リレー読み ・いつ・どこで・何があった・心に残ったことは？ □ペア読みでワークシートの問いを話し合う。 □発表 □学習の振り返りを書く（←座席表にするよ）	読む・朝読書・宿題 ★「いいな」と思った文章にはふせんを貼っておきましょう。 ★感想や考えたことも書いて貼っておくといいですね。
4	洪庵の生涯を読み解いて、自分の考えを伝えよう２ 場面５～７ □めあてと全体の流れを確認する。 □座席表を読み合う □リレー読み ・いつ・どこで・何があった・心に残ったことは？ □ペア読みでワークシートの問いを話し合う。 □発表 □学習の振り返りを書く（←座席表にするよ）	
5	洪庵のたいまつで学んだことを文章にしよう。 □めあてと全体の流れを確認する。 □自分の考えをまとめる。 □全体で共有する。	
6	自分の伝記を紹介しよう □その人物の生涯は？ □生き方・考え方は？ □自分の考えは？ □学習の振り返り	読む・朝読書・宿題

めあてにむけて

□参加すること　BE HERE
□いっしょうけんめいやること　PLAY HARD
□ずるしないこと・公平にすること　PLAY FAIR
□ひとりひとりのきもちをたいせつにすること　PLAY SAFE
□楽しくやること　HAVE FUN

評価

① 洪庵のたいまつを読んで洪庵の生き方や考え方がわかった。　ＡＢＣＤ

② 洪庵の生き方について自分の考えを話し合うことができた。　ＡＢＣＤ

③ ペアで協力して学習することが来た。　ＡＢＣＤ

④ 伝記を読んだことを自分の言葉ではっぴょうできた。　ＡＢＣＤ

⑤ 自分から進んで学習に取り組むことができた。　ＡＢＣＤ

今回の学習は　　　　点です。理由は・・・

振り返り（感想・次に向けて）

図2.1.1　学習計画表

いながら読みをつくっていくのである。また、事前に考えた自分の考えをただ発表するグループ学習ではなく、“読んで感じたそのままを対話しながら自分の考えを言葉にしていくこと”が今回の大きなチャレンジでもある。もちろん、個々によって読みには違いがあるだろう、間違った読みもあるだろう。しかし、それも友だちと読み合うことで互いに修正し更新しながら読みを広げていくことができるだろうと考えた。

単元の後半では、友だちと「洪庵」を読み取った経験を生かして、並行読みしてきた伝記をまとめて発表するようにした。前半でのグループの話し合い活動でさまざまな見方や考えにふれ自分の考えをつくり出す経験が後半の伝記を読む活動に活用していけるように単元の流れを考えた。

③採用した学びの技法

・グループでの協同的な「読む」活動の工夫

伝記を読んで自分の考えをつくる場面をグループでの協同的な活動にした。読んで感じたことをグループのなかで伝え合う活動をすることで思考を活性化し言語化を促していく。

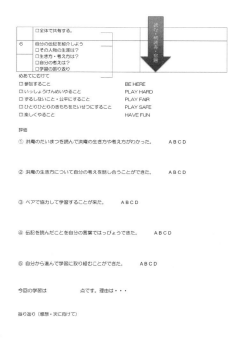

・ワークシートの工夫

グループでの話し合いは１枚のワークシートにメモをしながら進めていく。１枚のワークシートをグループで共有しあうことは、意見の共有や理解、そして広がりにつながると考えた。

・問いの工夫

ワークシートには、４つの問いが記されている。「自分とのつながり」「印象に残ったこと」「賛成・反対」「これからにどう活かすか（一般化）」の４つである。この問いはどれも本単元の教材を読み解くためだけではなく、児童がこの先の読書生活の中で本と対話をしながら読むためのスキルになるものである。この学習が日々の読書生活につながるようにした。

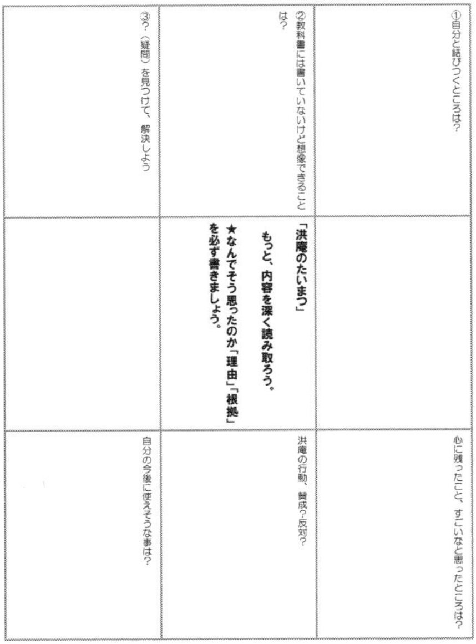

図2.1.2　ワークシート

・座席表の有効活用

毎時間、ノートに新たな考えを書き残してもらい、次時の座席表一覧にするようにする。座席表を授業の最初に読み合うことで、授業への参加意識を高める。発言が得意の子もそうでない子も１時間のなかで自分の考えや意見を表出することができる。

6．学習指導要領との関連

本単元は、学習指導要領「C 読むこと」の①目標の（3）「目的に応じ、内容や要旨をとらえながら読む能力を身に付けせるとともに、読書を通して考えを広げたり深めたりしようとする態度を育てる」、②内容１指導事項の（1） オ 「本や文章を読んで考えたことを発表し合い、自分の考えを広げたり深めたりすること」を受けて設定した。

7．A. L. を取り入れた場面の指導計画（全６時間　本時・４時間目）

①本時の目標

・洪庵の生き方について友だちと対話し自分の考えをもつ。

②本時の展開

分	学習内容と学習活動 ○学習者の思考の流れ	教師の指導・支援と評価 ●評価（方法）
0 1	1．めあてと全体の流れを確認する。（1分） 「洪庵の生涯を読み解こう」 ①座席表を読み合う　④グループ学習 ②リレー読み　⑤共有 ③内容の確認　⑥振り返り	・授業前に本時の活動の流れを板書して書き出しておく。 ※子どもたちが主体的に学びに取り組んでいけるように、一つ一つの活動を教師が区切って説明するのではなく全体の学習の流れが見通せるようにしておく。
	2．座席表を読み合う。（6分） ・感想を一人ひとり読んでいく。 ・いいな、なるほど、同じ、と思った意見に線を引いたりつなげたりしながら読む。 Q「いいな、と思った感想はありましたか？」 Q「洪庵はこのあと、どうするんだっけ？」 C「適塾を開く」 Q「適塾ってどんな学校だったけ？」 ・平等 ・入学試験がない ・教え合っていた ・福沢諭吉・大村益次郎 Qでは今日は、適塾を開いた洪庵の生き方から考えをつくっていこうと思います。	・本時の課題に対する考えを「考え一覧」にしておき全員に配布しておく。 ※グループでの活動がメインとなるので座席表を使って全体の共有の場をつくった。発言が苦手な子も1時間のなかで自分の考えを全体に残すことができる。 ・初発の感想を喚起しながら学習範囲のイメージやテーマを焦点化していく。 ※ここでは、おおまかに思い出すだけでよい。ここでの問いかけが次のリレー読みでの指針となる。出なかったものに関しては読み終わったあとにもう一度確認する。
	適塾を開いたあとの洪庵の生き方から自分の考えをつくっていこう。 ―洪庵が伝えたかったものとは何だろう？―	
	3．リレー読みをして内容を理解する。（5分） ・学習部分をリレー読みする。 4．内容を確認する。（2分） ・「いつ」…26歳～29歳のとき ・「どこで」…大阪	・グループ活動に向けての準備となる。ここでの協同的な活動が、話し合い活動のウォーミングアップになる。 ・時代背景や人物など、イメージがもちにくいことについて教師が紹介し、場面のイメージをもてるようにする。

・「何をした」…適塾を開いた ・「適塾はどんな学校だった？」 　・平等 　・入学試験がない 　・教え合っていた 　・福沢諭吉・大村益次郎	子どもたちに問いかけることで読みを確認するとともに、学習のテーマを焦点化する。→ここで抜き出された叙述がこのあとのグループ学習での根拠となる。
5．内容を広げる。（15分） ・グループ（４人）でワークシートをもとに深く読み取っていく。 ★６つのなかから三つ以上取り組む。そのうち一つを全体で発表する。 ①自分と結びつくところはないかな？ ②この部分を読んでどう思った？ ③疑問点を書いて解決しよう ④洪庵が塾生に教えたかったことは何？ ⑤洪庵はなぜ適塾を開いたの？ ⑥奥医師を断った洪庵に賛成？反対？	・読み取る指針としてワークシートを配布する。 ※ワークシートの質問をグループで解いていくことで内容を主体的に読んでいけるようにする。質問は、内容の理解のためのもの、自分の考えをもつためのもの、着目させたいもの、三つの視点でつくった。 ・考えの根拠や理由を書くように声をかける。 ・ペアでの活動の様子を見ながら助言していく。 ・グループで話し合ったことの一つを選んで発表するようにする。
6．読み取った内容を全体で共有する。（５分） ・ワークシートに書いた内容を発表する。 ・同じ意見や違う意見を確認し共有を図る。 Q「グループでどんな考えを作りましたか、みんなに発表したい人いますか？」 Q「今の考えに賛成ですか？反対ですか？」 Q「同じような意見の人いますか？」 Q「今のを聞いてどう思いましたか？」	・教師が事前に子どもの考えを把握しておき、場面によっては意図的な指名を行う。 ※ここでの問いかけは子どもたちの学習の様子や考えの深まりや視点をしっかりと看取って考えていきたい。とくに本時は「自分考えをもつ」ことがゴールである。集約して価値を焦点化しすぎないように気をつけたい。
7．まとめる・振り返る（10分） ・今日学習したことをまとめる。 ・ノートに文章でまとめる。 ・まとめたものを発表する。	※学習を活動だけで終わらせないように、もう一度個に戻って学習の振り返りをする。振り返りは、座席表にまとめて次時の活動に読み合う。

		・自分に引きつけて感想が書けるように「自分だったら」「自分も」の言葉を入れるように声をかける。 ●洪庵の生き方について自分なりの考えを理由とあわせて書いている。（ノート）

8．成果と課題

①成　果

学習を終えた児童の振り返りには、「伝記っておもしろい、ほかの伝記も読んでみたい」「友だちとたくさん話し合えてよかった」「疑問に思ったり、わからなかったりしたところも、友だちの考えを聞きながらハッと、ひらめくことがあった」「グループの話し合いはおもしろい、またやりたい」「手を挙げるのは苦手だけど、友だちとおしゃべりしながら考えるのはすごくやりやすかった。たくさん話して、たくさん考えることができた」と学習のなかで成果を感じ取っているようであった。実際に伝記を手に取る児童が多くみられ、今回の授業で児童が伝記を「読まされる」のではなく、主体的に「読みをつくっていく」ことで「読む」おもしろさを実感し、またその方法を身につけたことの成果だと考えている。

②課　題

課題としては、ここで学んだことを、どう日常や他教科に生かしていくか、ということである。これらの学びが「この単元だけの学び」になってしまっては意味がない。同じ視点、同じサイクルで国語の授業をデザインしていくなど、今後も日常的に言語活動に取り組んでいくことを大切にしていきたいと考えている。

2 グループ・セッションと「見える化」を工夫した小説「アイスプラネット」の授業

単元名　　登場人物の表現に着目して、人物の関係性を深く理解しよう
「アイスプラネット」（光村図書　中学校『国語２』）

1．単元の目標

登場人物の言動や心情を表す表現に注意して、作品を読み取る。【読む能力（ウ）】

2．単元観

「アイスプラネット」の「ぐうちゃん」は38歳という年齢であるが定職についておらず、姉の家にいそうろうしている。このような大人は、周囲の人たちからよく思われずあまり受け入れられないことが多い。しかし、ぐうちゃんは「僕」「母」「父」たちから好意的に思われている。これは、ぐうちゃんの人柄や考え方が周囲の人たちに受け入れられているからだと考えられる。怠惰で定職についていないのではなく、海外の各地を回りながら写真撮影をするというやりたいことがあるぐうちゃんを、周囲の人たちは、ときには厳しいことを言いつつも温かく見守ってかかわっているのである。現代社会の常識にとらわれない考え方、生き方をしているぐうちゃんの言動が魅力である。

中学生である「僕」にとって「叔父」であり38歳のぐうちゃんは、本来なら大人として頼りにし、ときには尊敬する対象となる存在である。しかし、僕は叔父である相手を「ぐうちゃん」と呼び、友人のような気やすい関係のような接し方をしている。「僕はぐうちゃんが大好きだ。ぐうちゃんの話は文句なしにおもしろいのだ」という表現やおもしろい話をするときのぐうちゃんの「細い目をめいいっぱい見開くようにする」表情が好きなど、ぐうちゃんへの好意を表している表現は多い。しかし、ぐうちゃんの話が「ほら話」だと認識しており、「ぐうちゃんの話はいつも怪しい。僕がおもしろがればいいと思っているのだ」という感想も抱いている。ぐうちゃんの「ほら話」の怪しさをおもしろがり、ばかばかしいと思いながら聞き、ときには「やっぱり今どきの中学生をなめているのだ」と批判している。ある日、僕は同じクラスの吉井と今村にぐうちゃんから聞いた話をする。自分でも半信半疑であった内容ではあるが、おもしろいと思ったぐうちゃんの話を、２人から「ありえねえ」「証拠見せろよ」「そんなほら話、小学生でも信じないぞ」と言われてしまう。その後、ぐうちゃんから話の証拠の品を見せてもらえなかったため、やはりおもしろかった話は嘘だったのかと感じ、反発心からぐうちゃんと距離をおくようになる。後日、ぐうちゃんが「い

そうろう」をやめて、また「外国をふらふら」するとわかったときには、思わず「勝手にいけばいいじゃないか」と言ってしまう。また、ぐうちゃんの出発の日も、僕はぐうちゃんに「なんて言っていいのかわからないまま、ぐうちゃんの前に立って」いるだけであった。好きな相手でも無条件に受け入れるのではなく、ときには批判し、また、旅立つぐうちゃんへの寂しさを素直に表現できないという中学生の複雑な心理が作品に表現されている。揺れ動く「僕」の気持ちもこの作品の魅力の一つである。

3．具体的な評価規準

関心・意欲・態度	読む能力
登場人物の人物像や、人間関係をとらえようとしている。	登場人物の描写や言動に注意しながら、登場人物の心情を読み取り、図や言葉でまとめている。

4．単元と評価の計画

次	生徒の学習内容	教師の指導・支援、評価方法
1	○本文を通読し、4つの大きなまとまりから全体の内容を捉える。 ○時・場・登場人物・視点を確認する。 ○登場人物の特徴をそれぞれつかむ。	【関】内容をおおまかに理解し、登場人物の特徴を確認しようとしている。 【読】登場人物の特徴をノートにまとめている。
2	○本文中から「僕」「母」「父」の「ぐうちゃん」にかかわる表現を見つけ出し、ワークシートにまとめる。 ○自分のまとめた内容を4人班で発表しあう。 ＊個人作業→4人班活動→全体で確認	【関】登場人物の人物像や、人間関係を捉えようとしている。 【読】「僕」「母」「父」の「ぐうちゃん」に関する言動をもとに、登場人物の心情をワークシートにまとめている。
3	○本文の内容を確認しながら、人物相関図を考え、ノートにまとめる。 ○自分の考えた人物相関図の説明を4人班で発表しあい、各班で一つ、人物相関図を作成する。 ＊個人作業→4人班活動→人物相関図作成	【関】自分の考えを発表しあい、登場人物の人間関係を捉えようとしている。 【読】登場人物の人間関係を捉え、考えた人物相関図を伝え合い、班で人物相関図を書いている。
4	○前時で考えた人物相関図を各班で発表する。 ＊班員で話し合ったポイントや、人物相関図の根拠となる内容を整理して発表	【関】自分の考えた人物相関図と各班の発表内容の相違点を確認しながら聞いている。 【読】各班の発表を聞き、自分の考えた

	する。 ○各班の発表で気づいたことをノートに記入する。	人物相関図との相違点をまとめている。
5	○「僕」の「ぐうちゃん」に対する心情の変化を読み取り、ノートにまとめる。（4つの場面の変化：起承転結） ○今までの「僕」の「ぐうちゃん」に対する言動や思いと比較しながら、手紙と写真をもらったときの気持ちを読み取り、「ぐうちゃん」への手紙を書く。	【関】「僕」の「ぐうちゃん」に対する思いの変化を読み取ろうとしている。 【読】「僕」の気持の変化をふまえながら、「ぐうちゃん」に対する手紙を書いている。

5．アクティブ・ラーニング（A. L.）を取り入れたデザイン

①アクティブ・ラーニングによって期待される学習効果

（1）登場人物の間柄の整理

「僕」と「ぐうちゃん」…甥と叔父の関係、「母」と「ぐうちゃん」…姉と弟の関係、「父」…単身赴任など

（2）登場人物どうしの関係の整理（人物相関図へ言動や関係を書き込む）

（3）「ぐうちゃん」と「僕」の、「主人公」と「視点」という関係

物語や小説を読むときには、登場人物どうしの関係をふまえて、その言動や心情が描かれている表現に着目することが大切である。この作品では、「母」「父」「僕」のそれぞれが、ぐうちゃんとどのような関係であるのか、また、それぞれがどのようにかかわっているのかを理解したうえで、心情を読み取ることが必要である。たとえば、核家族化が進んでいる現代では「甥」と「叔父」が同居している状況を理解しにくいと考えられる。そこで、人物相関図を用いることで、登場人物の続柄をより理解しやすくなる。また、人物相関図で登場人物の関係を可視化することによって、文章中の登場人物のそれぞれに対する心理描写や言動を整理することができる。第2次のワークシートでまとめた内容だけでは、表面的な理解にとどまっていることが多い人間関係が、人物相関図を用いることでより理解が深まる効果が期待される。

また、今回の取り組みでは、一人ひとりが考えた人物相関図を4人の班で発表しあい、さらに各班で作成した人物相関図を全体で発表するというグループセッションを取り入れたことによって、よりいっそう読みが深められる。

②単元のデザイン

1．全体の内容確認（時・場・登場人物とそれぞれの特徴・視点の確認）。

2．ぐうちゃんの人柄の確認、ほかの登場人物とぐうちゃんとの関係をまとめる。

3．個人で人物相関図を作成し、4人班で発表し合い、一つの人物相関図を作成す

る。

4．全体の場で、各班の作成した人物相関図を発表しあう。

5．僕のぐうちゃんに対する心情の変化を読み取る。ぐうちゃんへ葉書の礼状を書く。

③採用した学びの技法―グループセッションと「人物相関図」の作成

人物相関図では、登場人物の名前と続柄の書き込みだけではなく、それぞれが相手をどのように思っているのか、文章中の表現やまとめた言葉を記入させる。また、自分の作成した人物相関図を４人班で発表しあい、各意見の根拠について考え、最も説得力のある意見の人物相関図を作成し、全体で発表する。小グループでの話し合いと全体での各班の発表を通し、いろいろな視点と根拠で作成された人物相関図を考えることができる。

6．学習指導要領との関連

第２学年の「読むこと」の目標…「目的や意図に応じ、文章の内容や表現の仕方に注意して読む能力、広い範囲から情報を集め効果的に活用する能力を身に付けさせるとともに、読書を役立てようとする。」

自分の考えの形成に関する指導事項…「ウ　文章の構成や展開、表現の仕方について、根拠を明確にして自分の考えをまとめること。」

7．A. L. を取り入れた場面の指導計画（全５時間　本時・３時間目）

①本時の目標

登場人物の人間関係を理解し、心情を読み取り、人物相関図を完成させる。

②本時の展開

分	学習内容と学習活動 ○印：学習者の思考の流れ	教師の指導・支援と評価 ●印：評価（方法）
導入	＊本時の目標の確認をする。 ○人物相関図がどういうものか理解する。	（指導・支援） 祖父母や叔父叔母が登場する作品の人物相関図を見本として紹介する。
展開1	＊人物相関図を考える。 ○本文の内容を確認しながら、人物相関図を考え、ノートにまとめる。 <人物の配置パターン例> ・中心…ぐうちゃん（主人公）を配置、	（指導・支援） すでに人間関係がまとめられているので、前時に記入したワークシートを参考にしながら、まずは人物をどこに配置するか考えるよう促す。 人物相関図は、名前と続柄も記入だけで

	または僕（視点）を配置するなど ・配置される人物同士の距離…続柄によって家系図のように配置する、物理的に離れている父、クラスメイトを離して配置する、または心理的な距離を考えてそれぞれの人物を配置する	なく、それぞれの人間関係がわかるように文章中の言動などを記入させる。文章だけでなく、人間関係の仲を◎○△などの記号の使用も許可する。 ●人物の人間関係を捉え、自分の考える人物相関図をノートに記入している。【関】
展開2	＊４人班によるグループ活動にて、人物相関図を作成する。 ○自分の考えた人物相関図の説明を４人班で発表しあう。 ・自分の気付かなかった視点・意見での人物相関図を理解する。 ○各班で一つ、人物相関図を作成する。 ・各意見の根拠について考え、もっとも説得力のある意見を決める。 ○作成した人物相関図と関係性の内容を模造紙に記入する。 ・時間に余裕のある班は、模造紙に記入した内容の発表者を決める。	（指導・支援） 人物相関図を見せ合うだけでなく、配置の根拠やそれぞれの関係性をしっかり言葉で説明するように指導する。 ４人で一つの人物相関図を作成するため、どの場面に注目して作成するかによって人物の配置の仕方がなかなか合意形成できない場合がある。その場合は、第１場面の人物相関図と第２・３場面の人物相関図の二つ作成することも許可する。 ●自分の考えを発表しあい、登場人物の人間関係を捉えようとしている。【関】 ●登場人物の人間関係を捉え、考えた人物相関図を伝え合い、班員で一つの人物相関図を作成している。【読】
まとめ	＊本時を振り返る。 ＊次時の内容（各班で作成した人物相関図を全体で発表する）を確認する。	

8．成果と課題

①成　果

人物相関図で登場人物の続柄や人間関係を可視化することによって、ぐうちゃんとほかの登場人物との関係性を深く理解することができた。

個人作業・４人の班での作業、全体での発表というように、グループセッションを交えて、人物相関図について考える機会が多く設けられたため、学習を通して作品の人間関係や心情理解を深めることができた。

②課　題

本時の学習の取り組みをスムーズに行うためには、普段からグループセッションを行っている必要がある。この単元でグループセッションと人物相関図の両方とも初めての試みとなると、グループセッションの仕方を学ぶ時間を設ける必要がある。

今回は、個人で人物相関図を作成したあとに、班で一つの人物相関図を作成したが、一つの相関図にする過程で淘汰されてしまった意見が多くある。４人班で人物相関図を発表しあったあと、また各個人で自分の考えた人物相関図を作成しなおすという学習方法もあった。そして、本時終了後にノートを回収して教師が選んだ数パターンの人物相関図を次の時間に発表させるほうがよかったかもしれない。

また、４人で一つの人物相関図をつくるということで作業のしやすさを考慮して模造紙に記入したが、模造紙にマジックで記入するのは場所をとり、時間がかかる。実物投影機などを利用したほうが、発表作品の作成・発表の流れがともにスムーズに行えると感じた。

参考資料

【学習後の生徒の感想例（一部抜粋）】

○人物相関図を書く前に比べて、登場人物の関係の理解がより深くなった。

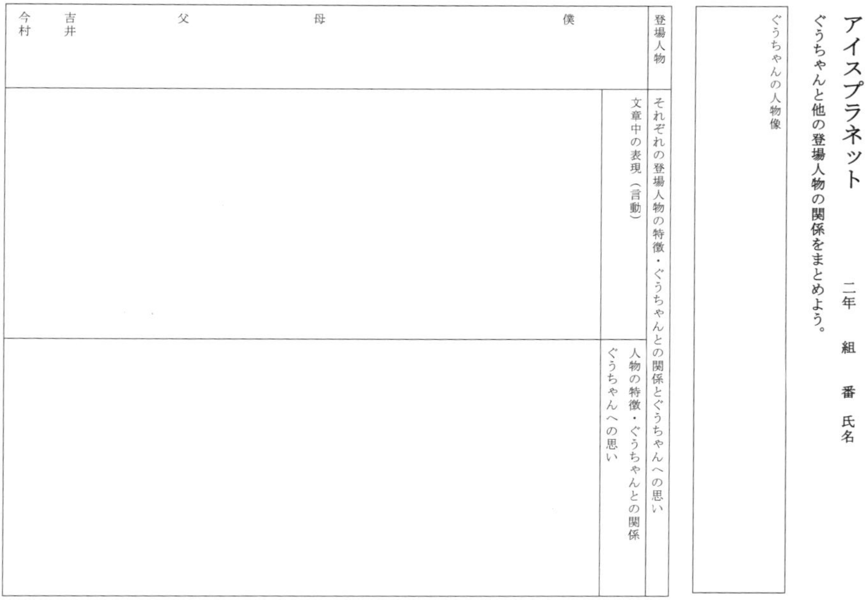

図2.2.1　ワークシート１

○どの班も、僕とぐうちゃんの距離が近く書かれていて、みんなしっかり考えられているなと思いました。自分の班は、単純に単身赴任している父と僕の距離をだいぶ離して書いてしまっていたけど、親子で心は近いからもっと近くに書けばよかったなと思いました。

○人物相関図に書き表すと、人物相関図を書く前より登場人物の関係が理解できてよかったと思います。「アイスプラネット」は僕とぐうちゃんが中心人物だと思うので、２人を中心に書き表しました。

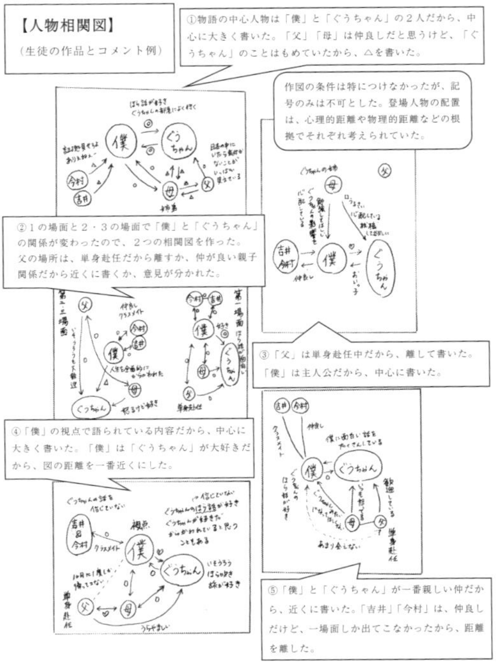

図2.2.2　ワークシート２

○父は単身赴任で僕と離れて暮らしているから、僕と離して書いている班と、父は単身赴任だけど、ぐうちゃんのことを信頼しているし、僕とも心がつながっているから近くに書いている班があった。みんなそれぞれ考えて工夫して書いているなと思った。

○他の班の作った、ぐうちゃんが中心に書かれている人物相関図が気になりました。よくよく考えてみると、全てのつながりが、ぐうちゃん中心になっているとも読み取れました。僕が語り手で、僕の気持がたくさん書いてあるから、僕が中心の物語のようで、ぐうちゃん中心の物語でもある。誰が物語の中心と考えるかで物語の内容の感じ方が変わるなと思いました。

○私は悠太を真ん中にして人物相関図を書いたけれど、ぐうちゃんを真ん中にしている人もいて、なるほどと思いました。

【生徒の作品「ぐうちゃんへの手紙」例】

○お手紙ありがとう。ぐうちゃんの話は本当だったんだね。少し怪しいなぁ、本当かなぁとか、疑っていたけど、ぐうちゃんはほら吹きじゃなかったんだね。これからもぐうちゃんの話が聞きたいな。いつか僕もアイスプラネットが見たいな。

○お元気ですか。手紙と「ナマズ」と「アイスプラネット」の写真を送っていただきどうもありがとうございます。４カ月前はぐうちゃんの面白い話は全部ほら話なんだろうなと思っていました。そして、僕をなめているんだろうと思ったこともありました。でも、ぐうちゃんの手紙と写真が届いたときには、ぐうちゃんの話は全部本当だったんだなと思いました。また、面白いものを世界のどこかで見かけたら、写真におさめて送って下さい。ぐうちゃんが送ってくれる手紙や写真を待っています。

○元気ですか。手紙ありがとう。僕は、正直ぐうちゃんのことをほら吹きだと思っていた。でも、本当はほら吹きなんかじゃない。僕に世界の広さを教えてくれようとしていたんだね。気付かなくてごめんなさい。僕はこれからぐうちゃんに言われた通り、一生懸命に生きていこうと思う。ぐうちゃん、いつか僕達のところに戻ってきてまた世界の面白い話をして下さい。

○僕はぐうちゃんの話が大好きだった。でも、たまに怪しいと思ったり、疑ったりしていた。そして、ある日ぐうちゃんの話もぐうちゃんも嫌いになってしまった。それからぐうちゃんの部屋に行かなくなってしゃべることも少なくなって、そのままぐうちゃんは旅にでてしまったね。ぐうちゃんから届いた手紙と写真を見て、ぐうちゃんの話が本当のことだと分かった。冷たい態度をとってごめんね。ぐうちゃんの話は今でも大好きだよ。

○お手紙ありがとう。写真もうれしかったよ。最初はぐうちゃんのほら話は面白くて好きだったんだ。でも、吉井や今村に話して「証拠見せろよ」と言われたとき、僕はぐうちゃんのことを信じられなくなった。でも、ぐうちゃんは、僕との約束を守ってくれて２枚の写真をくれた。ありがとう。これからも元気で頑張ってね。

3 ホットシーティングを用いて「君は『最後の晩餐』を知っているか」を読み解く

単元名　　筆者になりきって説明文を読み解こう
「君は『最後の晩餐』を知っているか」(評論を読む)(光村図書　中学校『国語２』)

１．単元の目標

筆者の視点で文章を読むことを通し、説明的文章を読み解くことへの興味、関心を高める。【読む能力（エ）（オ）】

２．単元観

これまで説明的文章を読むときは、全体を通読し、題名の妥当性、表や絵などの効果、構成（序論・本論・結論）の工夫、事実と意見の読み分ける授業を展開してきた。本単元である「君は『最後の晩餐』を知っているか」は生徒が初めて評論文を読む機会であるので、従来のように文章を段落ごとに区切って読む方法ではなく、筆者独特の考え方や感じ方を効果的に捉えさせ、学習者の興味、関心を高める指導をめざした。

指導の工夫として、演劇の手法であるホットシーティングを用いた。ホットシーティングとは役になりきって発表したり質問に答えたりすることで、その役の考え方や心情を理解する活動である。今回は「筆者になりきる」(筆者の主張になりきる) ことで筆者の視点を理解し、さらにそれを他者に説明することで深めていく展開を考えた。絵の魅力を筆者になりきって説明し、質問に答える交流活動を通して、主体的な読みの力を身につけさせたい。筆者として説明するためにはまず正しく読み取る「確かな読み」の力が必要であり、筆者として質問に答えるなかで、自分の考えとは異なる視点を意識した「豊かな読み」の力が必要である（東京都中学校国語教育研究協議会第４分科会研究より）。本文を主体的に読み、筆者が述べていることと自分の考えを頭のなかで整理し、カードにまとめる。それを、筆者の主張になりきって絵を示して説明しながらグループで交流・共有し、まとめの活動で評論文を評価することで、作品を批判的に読むこともできると考えた。

本単元においてめざす生徒の姿は、作品に興味をもち、筆者の視点を理解したうえで調べ学習を行い、絵の魅力を他者に積極的に伝えようとする姿である。そして、筆者になりきって説明する活動を通して、客観的な読みが意識的にできるようになり、自分のものの見方や考え方を広げさせたいと考えた。

学習指導要領の【C　読むこと】の第２学年指導目標には「目的や意図に応じ、文章の内容や表現の仕方に注意して読む能力、広い範囲から情報を集め効果的に活用する能力を身に付けさせるとともに、読書を生活に役立てようとする態度を育てる」とある。本単元は、絵画の魅力を語る評論文であるため、授業を通して意欲的に調べ学習を行い、交流活動で話したり聞いたりする力を養うとともに、作品を読んだあとも「もっとレオナルド・ダ・ヴィンチや彼の描いた絵画のことを知りたい」という知的好奇心をかき立てたりして、今後の読書活動などにもつなげていくことをめざしている。

3．具体的な評価規準

関心・意欲・態度	読む能力	知識・理解・技能
①筆者の考えを理解し、選択した魅力についてまとめようとしている。 ②積極的に交流活動に参加し、発表したり他の意見を聞いて質問したりするなかで、自分の考えを広げようとしている。	①「最後の晩餐」の魅力について、内容を読み取り、筆者の視点をカードにまとめている。 ②筆者の考えをわかりやすく伝えるために、考えをまとめている。その後、発表により、グループで評価し合っている。	①語句の意味や語感を、文脈の中で的確にとらえている。 ②わかりやすい発表をするために、聞き手にわかりやすい効果的な語句を選んでいる。

4．単元と評価の計画

次	生徒の学習内容	教師の指導・支援、評価方法
1	○学習の目標と手立てを理解する。 ○解説に用いられた「絵」を参考に音読を聞き興味のある「魅力」を各自設定。 ○カードに学習課題と設定の理由を書く。	・学習者が興味関心を高め、自由な想像ができるよう教科書を開かずに本時の目標を伝える。 ・主体的に聞き取る力を高めるために「絵」のみ見て音読を聞きとらせ、メモ活動を促す。 ・魅力にそった学習課題の表現を工夫させる。
2	○ホットシーティングの準備をする（3分の説明と1分の質疑応答）。	・学習課題カードに不足がないか確認させる。内容にずれがないか本文を再度熟読させる。 ・絵を示して説明する練習をさせる。
3	○ホットシーティングを行う。 ○良い評価の代表者が学級全体に向けて発表し、成果を交流しあう。	・学習課題カードを参考に、「絵」の「魅力」が効果的に伝わる発表の手立てを工夫させる。

		・ホットシーティングの評価の規準を示して、相互評価が円滑に行えるようにさせる。【読】カードを評価（オ）
4	○前時の学習活動の成果をふまえて、今度は読み手の視点で本教材の評価を行う。	・ホットシーティングの体験から読み取った本教材の特徴を考えさせ、本文の評価を短作文でまとめさせる。 【読】短作文を評価（エ）

5．アクティブ・ラーニング（A. L.）を取り入れた授業デザイン

①アクティブ・ラーニングによって期待される学習効果

(1) 本文の主体的な読み

「筆者になりきる」ことが必要なため、まず本文に書かれている情報を意識的に読み取らせることができる。そして、そのなかから筆者の主張のどの部分になりきるのか自分の興味・関心に応じて選ぶという意欲的な活動につながっていく。

(2) 自主的な調べ学習

「筆者になりきる」ためにカードに主張をまとめる際、説明をわかりやすくする工夫に調べ学習を行ってよいことにすると、学習者はさらに詳しく調べ学習を行い、自分の（筆者の）主張に説得力をもたせ、かつわかりやすいものにする工夫を自ら行うようになる。

(3) 客観的な読みから自分の考えを広げる

筆者の主張する絵の魅力を他者に積極的に伝え、筆者になりきって説明する活動を通して、客観的な読みが意識的にできるようになる。作品を批判的に読むことができるようになれば、自分のものの見方や考え方を広げることができる。

(4) 読書活動につなげる

本単元は、絵画の魅力を語る評論文であるため、自主的・意欲的な調べ学習や、交流活動を通して、作品についてもっと知りたいという知的好奇心をかき立て今後の読書活動にもつながっていくことを期待している。

②単元のデザイン

1．解説に用いられた「絵」を参考に音読を聞き、興味をもった「絵の魅力」を各自設定する。カードの表面に学習課題と設定の理由を書く（カードはＢ４画用紙を三つ折にし、裏面は文字だけでなくイラスト、図など自由に書き込んでよいこととし、自宅での調べ学習の内容を加筆してもよいこととする）。

2．ホットシーティングの準備をする（本文との整合性や絵を示しながら説明する練習をさせる）。

3．３人グループでホットシーティングを行う。質疑応答のあとに、カードに相

互評価をさせる。評価の高かったグループの代表者は全体の前で発表させる。

4．ホットシーティングの体験から読み取った本教材の特徴を考えさせ、今度は読み手の視点で本文の評価を短作文でまとめさせる。

③採用した学びの技法―ホットシーティング

ホットシーティングとは演劇の手法であり、役になりきって発表したり質問に答えたりすることで、その役の考え方や心情を理解する活動である。今回は絵の魅力を語る筆者になりきって主張することで、筆者の視点を理解し、さらにそれを他者に説明したり質問に答えたりすることで深めていく展開である。筆者として説明するためにはまず正しく読み取る力が必要であり、筆者として質問に答えるなかで、自分の考えとは異なる視点を意識した読みの力が必要となる。交流活動後に批評文を書かせることで、主体的な読みの力を身につけさせる。

6．学習指導要領との関連

C　読むこと　エ「文章に表れているものの見方や考え方について、知識や体験と関連付けて自分の考えをもつこと」

C　読むこと　オ「多様な方法で選んだ本や文章などから適切な情報を得て、自分の考えをまとめること」

7．A. L. を取り入れた場面の指導計画（全４時間　本時・３時間目）

①本時の目標

筆者になりきって「絵」の「魅力」を説明し、他者の発表を聞いて筆者が感じている「絵」の「魅力」の理解を深める。

②本時の展開

分	学習内容と学習活動 ○印：学習者の思考の流れ	教師の指導・支援と評価 ●印：評価（方法）
導入10分	○本時の学習目標を確認する。 ○インタビュー形式でホットシーティングを行うことを理解する。効果的な発表の工夫をする。机を移動したあとカードをＢ質問者に渡すので、もう一度説明する内容を確認する。	教師「前回、自分で設定した学習課題を、筆者になりきって説明しましょう」 教師「カードはＢの人に渡すので、絵を使って説明します。Ｂの人のインタビューにこたえながら魅力を説明し、質問にも筆者として答えましょう」 ●第１時で用いた「絵」の活用例示し、効果的な説明を考えメモしている。**【関】**

展開35分	○ホットシーティングを行う（15分）。Aはカードを B に渡し、筆者になりきって説明し、B・C の質問に答える。 ○評価の良かった代表者の発表を聞き、成果を交流しあう（20分）。	教師「机を移動し、A の人は B の人にカードを渡しましょう。評価は黒板の規準に従って B と C の人で行ってください」 ＜机の形＞ A 筆者 C 質問者　B 質問者 教師「時間はタイマーで知らせます」 教師「机を戻してカードをうしろから回収してください」 教師「代表者の発表を聞いて、疑問があったら質問しましょう。メモを取ってもかまいませんが、聞くことに集中しましょう」 ３人グループ。A 筆者が３分発表、B・C が質問・評価１分、移動１分の５分間で行う。 ●板書で示されたホットシーティングの評価規準を理解する。【関】（発表観察・カード評価） ●質問も「絵」を示しながらさせる。 ●メモに集中させすぎない。 ●代表者は拡大投影機と指差し棒を使用させる。
まとめ５分	○本時の学習の確認をし、次時の予告をする。	教師「今日のホットシーティングの体験を生かして、次回は読み手としてこの評論文の評価を短作文にまとめます」 ●筆者になりきって「絵」の「魅力」を説明し、他者の発表を聞いて筆者が感じている「絵」の「魅力」の理解を深めることができた。【読】（学習課題カード・次時の短作文評価）

8．成果と課題

①成　果

ホットシーティングを取り入れたことにより、学習者が「筆者になりきる」という目的意識をもって本文を主体的に読む姿が多く見られた。とくに、自分が選んだ主張の部分は学習課題カードを書きながら、再び本文に戻って繰り返し読み直していた。また、「最後の晩餐」への興味が高まり、関連する事項について自主的な調べ学習を行いカードに書き込んでいた。さらに、ホットシーティングで筆者の主張になりきることで、客観的な読みにつなげることができた。自分の考えや印象と比較しながら読みを深め批判的に読むことができた思考の流れが、短作文に表れていた。

②課　題

最終的には読書活動につなげることをめざしていたが、作品についてもっと知りたいという知的好奇心が、読書活動よりインターネットでの検索に偏ってしまったのが見受けられた。もっと教師が関連書籍の紹介やリストを提示できればよかったと思う。また、意欲的に調べ学習を行う生徒が多かったが、「最後の晩餐」は諸説の多い作品であるため、筆者の主張とは離れた雑学のような情報も学習カードに書き込んでいるのが見受けられた。あくまでも筆者の主張（本文）の補助資料としての調べ学習であることを、具体的な例を示して説明するべきであると感じた。

学習者の短作文

【第４時の生徒の短作文より抜粋】

○この評論文の良いところは、レオナルド・ダ・ヴィンチが研究していた絵画の科学について一つずつ丁寧に書いてあることだ。例えば、絵の中心になぜ目がいってしまうのかを、遠近法の原理で説明していることなど、読んでいてとても理解しやすかった。遠近法の消失点をわかりやすくするために、絵に白線を引き中心がキリストの額に集まっている図を載せていて、目で理解させる工夫もあった。しかし、この文章にでは、絵の中の人たちについては少ししか触れていない。このなかの誰が裏切り者なのか、絵のストーリーがよくわからない。一人一人の細かい説明を入れたら、より面白い文章になって興味がもてると思う。また、なぜレオナルド・ダ・ヴィンチはこんな絵を描いたのか文章を読んで疑問に思った。この絵に関する映画の話が交流のときに出たので、今度原作も読んでみたいと思った。

○私はこの評論文を読んで、冒頭ですぐにレオナルド・ダ・ヴィンチを挙げるのではなく、数々のイタリアの天才画家を挙げ、最後に「やはり」とレオナルドを強調したところが強調されていて良いと思った。また、絵の全体から説明していき、だんだんと部分的な詳しい説明をしていくところが、理解しやすかった。しかし、「解剖学」の説明のときに、どの人のことを示しているのかはっきりわからなかったので、一つ一つの手のアップを絵で示したり、「遠近法」の説明のときに額のくぎのあとをくっきりとわかるように載せたりしたら、もっとわかりやすくなるのではと思った。

○「さらに注目してほしいのは」と言って、室内の壁や天井に注目させてから説明しているところが分かりやすい。最初に「こういう物が見えますよね」といってから場面の詳しい説明をしたり、技法の説明をしたりすると、読み手は絵を見ながら理解するから、読み手にわかりやすく伝わってくる。筆者が、「レオナルドの究めた絵画の科学とあらゆる可能性を目の当たりにできることが「かっこいい」と思わせる要因の一つといっているが、もしかしたらここに書かれていない要因があるのではないかと思った。

○この評論文を読んで「最後の晩餐」により興味をもった気がする。筆者が実際に絵を見たときの美しさや、描き方の説明がそう思わせるのだろうか。この文章の良いところは、絵画に描かれている人物の手や表情など、細かい点に目を留めているところだと思う。手の動きから、描かれている人物の感情をどれだけ知ることが出来るのか。そして、どうしてレオナルドは人間の表情からわかる心の内面を、ここまで上手く描くことができるのか。それらがとても詳しく書かれているので、読み手も理解が深まり興味がわくのだと思う。だが、一つ疑問が残る。なぜレオナルドはこの絵をこんなにも計算しつくして描いたのか。そのときの心情や絵へのこだわりなどを考えて、この評論文に加えてみたら「最後の晩餐」について、よりいっそう理解が深まる人が増えるのではないかと私は思った。

図2.3.1　最後の晩餐（レオナルド・ダ・ヴィンチ）

学習者作成資料 三つ折り（例）

表面

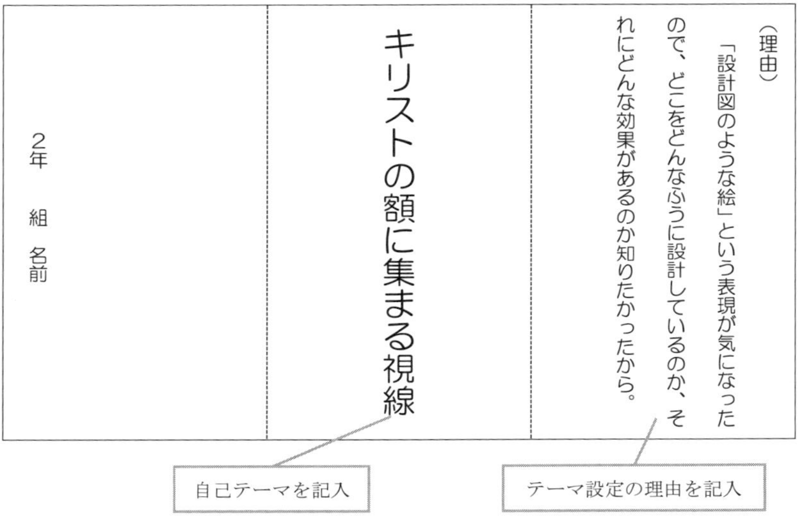

裏面（ホットシーティングのときに解説する内容のダイジェスト）

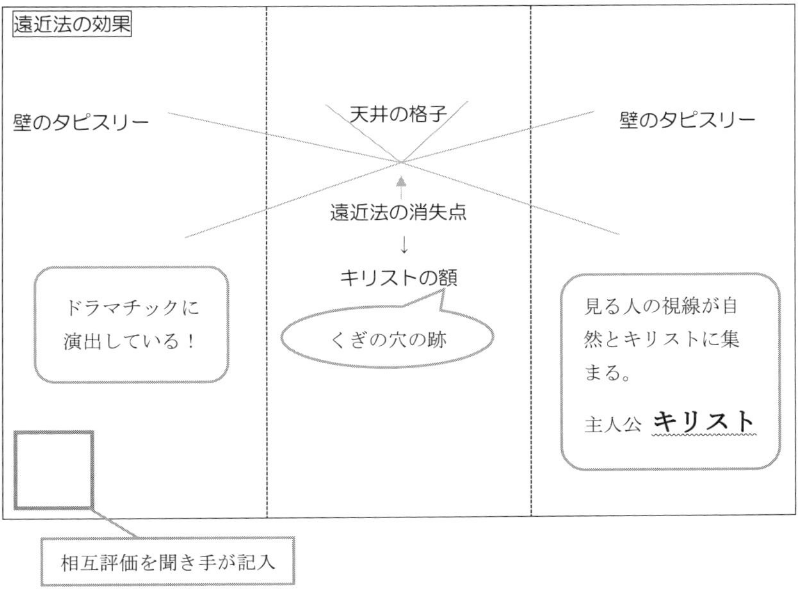

図2.3.2　ワークシート

4 「竹取物語」五人の貴公子の話について、ジグソー法で理解しよう！

単元名　「竹取物語」を読む
「蓬萊の玉の枝―『竹取物語』から」（光村図書　中学校『国語１』）
補助教材：新編日本古典文学全集12『竹取物語／伊勢物語／大和物語／平中物語』（小学館）、『ビギナーズクラシック　竹取物語（全）』（角川ソフィア文庫）

１．単元の目標

・古典に示された内容やものの見方について関心をもち、自分の考えや感想を交流しようとする。【関心・意欲・態度】
・作中の人物の行動や考え方を理解し、自分の考えをまとめている。【読む能力】
・古典に表れたものの見方や考え方・表現の違いにふれ、現代との共通点や相違点に気づいている。【知識・理解・技能】

２．単元観

「竹取物語」の話は、多くの生徒が幼少の頃から昔話として親しんできた物語である。しかし、多くの絵本や子ども向けの書籍では五人の貴公子による求婚譚は省略されている。生徒たちにとって、幼い頃から知っている昔話に、実は省略されている箇所があることは驚きであり、興味・関心をもちやすい。そのきっかけを生かし、作品のおもしろさや、現代に通じる登場人物たちの心情の揺らぎやユーモアにふれ、苦手意識をもたずに中学校での古文学習をスタートさせることができると考え、本教材を選定した。

まずは音読をして古語の響きを身体になじませること、そして話自体がもつ魅力やおもしろさを実感することで、古文で描かれる世界が、現代の自分たちの生活にもつながっているということに気づかせることを主眼において、授業を構成した。とくに、教科書でふれられている「蓬萊の玉の枝」では一部分しか紹介されていない貴公子たちのエピソードを単元の中心におき、ジグソー法を用いることで主体的な学習をしながら内容を理解していく授業を行うことにした。

3．具体的な評価規準

関心・意欲・態度	読む能力	知識・理解・技能
・本文の音読や、内容の読解に積極的に取り組もうとしている。 ・資料読解や話し合いを通して、「竹取物語」について積極的に読解しようとしている。	・かぐや姫や、周辺の人物の行動や思いを読み取り理解し、それについて自分で説明している。	・音読を通して古語特有の読み方を理解している。 ・現代語と異なるものを中心に、古語の意味を理解している。

4．単元と評価の計画

次	生徒の学習内容	教師の指導・支援、評価方法
1	①教師の範読に続き、本文を音読する。現代と異なる語の読み方の語にはふりがなを振る。 ②成長したかぐや姫に対する、周囲の男性からの求婚の様子がわかる部分を本文中から抜き出す。 ③五人の貴公子の様子と、かぐや姫が出した難題を理解する。 ④くじ引きをし、自分が担当する貴公子について確認する。	①現代語と異なる読み方の語に注意させながら範読する。 ②③発言、ワークシート ④五人の貴公子ごとにアルファベット（A～E）をつけ、さらにジグソー班を示す数字（1～8）をふったくじを作成し、くじ引きを行う。その際、男女比にも配慮したくじにする。
2	①ジグソー活動について説明を受ける。 ②同じ人物を担当する生徒同士で集まり、資料の読み解きをする。（エキスパート活動）	①到達目標を説明し、エキスパート活動とジグソー活動の目標を伝える。 ②それぞれの担当ごとに資料を配付する。
3	①前時に引き続き、エキスパート活動を行う。 ②班のなかでリハーサルを行う。	①相手に伝えるための工夫をするように声かけをする。 ②タイマーを利用し、時間を意識させながらエキスパート班のなかでの発表リハーサルを行う。
4	①同じ数字のくじを持つ者同士で集まり、着席する。（ジグソー活動） ②5分間で自分の担当の貴公子について工夫をしながら説明をする。 ③3分間の質疑応答のあと、次の皇子の担当に移る。以下、同様にして5人の	①事前に数字ごとに着席する場所を掲示し、移動が混乱しないようにする。 ②タイマーを利用し、時間ごとに声を掛け、スムーズに交代できるようにする。

	皇子についての説明を行う。	
5	①五人の貴公子に関する小テスト	①前時で説明を受けたことを確認するために、小テストを実施する。前時のワークシートは持ち込んでよいものとする。

5．アクティブ・ラーニング（A. L.）を取り入れた授業デザイン

①アクティブ・ラーニングによって期待される学習効果

国語の授業を通して生徒たちに身につけさせたい力として、「インプット」したこと（文章読解、言語知識、文法事項、知識事項など）を適切に「アウトプット」すること（文章を書くことやプレゼンテーションなどの表現）を目標にして授業を行っている。授業で「インプット」したことを定期テストで解答として再現するだけでは、「インプット」→「アウトプット」の道筋がパターン化されてしまい、従来の知識偏重の学力から抜け出すことがむずかしい。しかし授業のなかで、教材に合った形でアクティブ・ラーニングの手法を取り入れることによって、教室においてさまざまな形で「アウトプット」していく経験を生徒たちにさせることが可能になる。それは、さまざまな表現の方法を学ぶことができるだけではなく、「人に説明する」ことで自分の理解度や知識の定着状況を確認し、主体的な学習意識も養うことができると考える。

②単元のデザイン

光村図書『国語１』の教科書には、「蓬萊の玉の枝」として、「竹取物語」の冒頭部分、蓬萊の玉の枝にまつわる貴公子のエピソード、そしてかぐや姫の昇天の場面で構成されており、原文（全訳つき）と、現代語で書かれたあらすじが掲載されている。

今回の単元では「竹取物語」の五人の貴公子による求婚譚をそれぞれの貴公子ごとに分割し、ランダムに生徒に割り振って担当を決めた。それぞれの担当を「エキスパート」とし、①角川ソフィア文庫の該当箇所（原文と現代語訳、コラム)、②「新編日本文学全集」（原文と現代語訳、注釈）を資料として各班に一部ずつ配布した。生徒たちはそれを読み解き、内容を理解し、読み取った内容を、その内容を知らない仲間に説明するための工夫を各自で考え、準備する。その後、別々の担当の５人が同じ班に集まり（ジグソー班)、決められた時間のなかで説明をする。聞いている生徒はメモを取り、必要に応じて質問をしながら自分の担当以外の皇子のエピソードについて理解を深める。次の時間には、授業者側で作成した小テストを実施し、理解を確認する。これには、ジグソー法だけで終わらせると自分の理解に不安をもつ生徒がいることを配慮して、ある程度の均一化を図るという面もあるが、生徒たちの活動に一定の緊張感を与えるという目的もある。

なお、今回はジグソー法を用いた五人の貴公子の部分のみ紹介しているが、実際の

授業では「竹取物語」原文→音読→現代語訳と見比べる、ということを全文通して行い、最後には、絵と言葉で、最も印象的だった場面を表現する活動を行った。時間の関係上、細部までは扱えていないが、生徒たちは原文の響きを音読で味わい、内容を推測しながら楽しんで作品を読んでいた。

③採用した学びの技法

五人の貴公子の話は、５つのパートに分けられることから、ジグソー法を用いることが効果的であると考え、この技法を採用した。なお、実施にあたっては、東京大学・大学発教育支援コンソーシアム推進機構の実践報告などを参考にした。

６．学習指導要領との関連

A　話すこと・聞くこと

ウ　話す速度や音量、言葉の調子や間の取り方、相手にわかりやすい語句の選択、相手や場に応じた言葉遣いなどについての知識を生かして話すこと。

エ　必要に応じて質問しながら聞き取り、自分の考えとの共通点や相違点を整理すること。

オ　話し合いの話題や方向を捉えて的確に話したり、相手の発言を注意して聞いたりして、自分の考えをまとめること。

C　読むこと

カ　本や文章などから必要な情報を集めるための方法を身につけ、目的に応じて必要な情報を読み取ること。

伝統的な言語文化と国語の特質にかかわる事項

ア　文語のきまりや訓読の仕方を知り、古文や漢文を音読して、古典特有のリズムを味わいながら、古典の世界にふれること。

イ　古典にはさまざまな種類の作品があることを知ること。

7．A.L.を取り入れた場面の指導計画（全5時間　本時・4時間目）

①本時の目標

・エキスパート活動で理解した内容を、班のメンバーにわかりやすく伝える。
・ほかのエキスパートの説明を聞き、ほかの話を理解する。

②本時の展開

分	学習内容と学習活動 ○印：学習者の思考の流れ	教師の指導・支援と評価 ●印：評価（方法）
5	○本時に行うジグソー活動の流れを確認する。 ○座席移動をし、各ジグソー班に分かれる。 ○「石作の皇子」担当のエキスパートによる説明。	説明をする人は、相手の反応を見ながらしっかりわかりやすく伝えるように、聞く人はメモを取りながらであるが、相づちを打つなどして話している人が話しやすい環境をつくるように指導する。
8	ほかの生徒は、ワークシートにメモを取りながら話を聞く。 質疑応答 ○説明を聞き終えたあと、質問があれば説明者に質問をする。	タイマーを5分で鳴るようにセットする。 机間指導を行いながら、メモを取っていない生徒などに声を掛ける。 ●観察
8	○「庫持の皇子」担当のエキスパートによる説明。 質疑応答	タイマーを3分で鳴るようにセットする。 （以降同様に時間を区切っていく）
8	○「阿部御主人」担当のエキスパートによる説明。 質疑応答	
8	○「大伴御行」担当のエキスパートによる説明。 質疑応答	
8	○「石上麻呂足」担当のエキスパートによる説明。 質疑応答	
5		次回の授業で、ワークシート持ち込み可の小テストを実施することを確認する。

8．成果と課題

①成　果

従来の講義型の授業で五人の貴公子の一つ一つのエピソードを扱おうとすると、膨大な時間がかかってしまう、あるいは概略の説明にとどまり、その魅力を十分に伝えることはむずかしいと考えられるが、このジグソー法を用いることによって、限られた時間のなかで、生徒たち自身が作品の魅力に気づきながら能動的に学習することができたと感じている。今回のように、適切な数に分割して生徒たちに提供することができる教材ではジグソー法は効果的であると考えられる。また、実際のジグソー活動においては、紙芝居形式にしてストーリーを簡潔にまとめた生徒、ホワイトボードにマグネットを貼って地理関係を説明する生徒、燕の巣に登っていって落ちてしまう皇子の様子を立体的な模型を使って説明する生徒など、「アウトプット」の仕方を工夫する様子が多くみられた。事後の自己評価表では「自分しか知らないことを相手に伝えることはむずかしいことに気づいた」「相手に伝えようと工夫をしたことで、自分の担当のことがしっかりと頭に入った」というような感想が多くみられ、まさにアクティブ・ラーニングを取り入れたことによる学習効果がみられた。

②課　題

今回は、あえて生徒たちの学習意欲や向上心を高めるために、専門的な書籍も資料として提示したが、資料の読み取りに苦労している生徒も見受けられた。その場合は、同じエキスパート同士で教え合う姿もみられ、協調学習を自発的に行うきっかけともなったが、エキスパート資料の選定で難易度を設定しまちがえると、逆に生徒たちの学習意欲を損なうことにもなり得ると感じる。授業者は、対象となる生徒の発達段階を適切に見極め、教材を準備・選定する必要があると感じる。

評価についても引き続き検討していきたい。今回は活動の最後に自己評価表を配布したが、生徒たちに自分たちの活動の到達点をより明確に理解させたうえで学習を行うためには、事前に評価表を配布し、評価項目（＝到達目標）を確認させてから授業に入るほうが効果的な場合もあると考える。

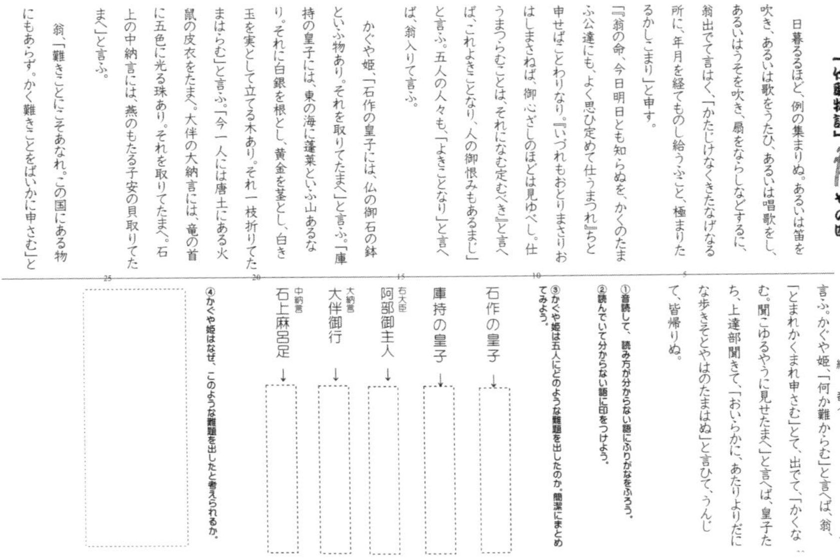

国Aプリント
「竹取物語」その四
日暮るるほど、例の集まりぬ。あるいは笛を吹き、あるいは歌をうたひ、あるいは唱歌をし、あるいはうそを吹き、扇をならしなどするに、翁出でて言はく、「かたじけなくきたなげなる所に、年月を経てものし給ふこと、極まりたるかしこまり」と申す。
「『翁の命、今日明日とも知らぬを、かくのたまふ君達にも、よく思ひ定めて仕うまつれ』と申せばことわりなり。『いづれもおとりまさりおはしまさねば、御心ざしのほどは見ゆべし。仕うまつらむことは、それになむ定むべき』と言へば、これよきことなり、人の御恨みもあるまじ」と言ふ。五人の人々も、「よきことなり」と言へば、翁入りて言ふ。
かぐや姫、「石作の皇子には、仏の御石の鉢といふ物あり。それを取りてたまへ」と言ふ。「庫持の皇子には、東の海に蓬莱といふ山あるなり。それに白銀を根とし、黄金を茎とし、白き玉を実として立てる木あり。それ一枝折りてたまはらむ」と言ふ。「今一人には唐土にある火鼠の皮衣をたまへ。大伴の大納言には、竜の首に五色に光る珠あり。それを取りてたまへ。石上の中納言には、燕のもたる子安の貝取りてたまへ」と言ふ。
翁、「難きことにこそあなれ。この国にある物にもあらず。かく難きことをばいかに申さむ」と言ふ。かぐや姫、「何か難からむ」と言へば、翁、「とまれかくまれ申さむ」とて、出でて、「かくなむ。聞こゆるやうに見せたまへ」と言へば、皇子たち、上達部聞きて、「おいらかに、あたりよりだにな歩きそとやはのたまはぬ」と言ひて、うんじて、皆帰りぬ。
組　番（　　）
①音読して、読み方が分からない語にふりがなをふろう。
②読んでいて分からない語に印をつけよう。
③かぐや姫は五人にどのような難題を出したのか。簡潔にまとめてみよう。
石作の皇子 →
庫持の皇子 →
右大臣 阿部御主人 →
大納言 大伴御行 →
中納言 石上麻呂足 →
④かぐや姫はなぜ、このような難題を出したと考えられるか。

図2.4.1　ワークシート1

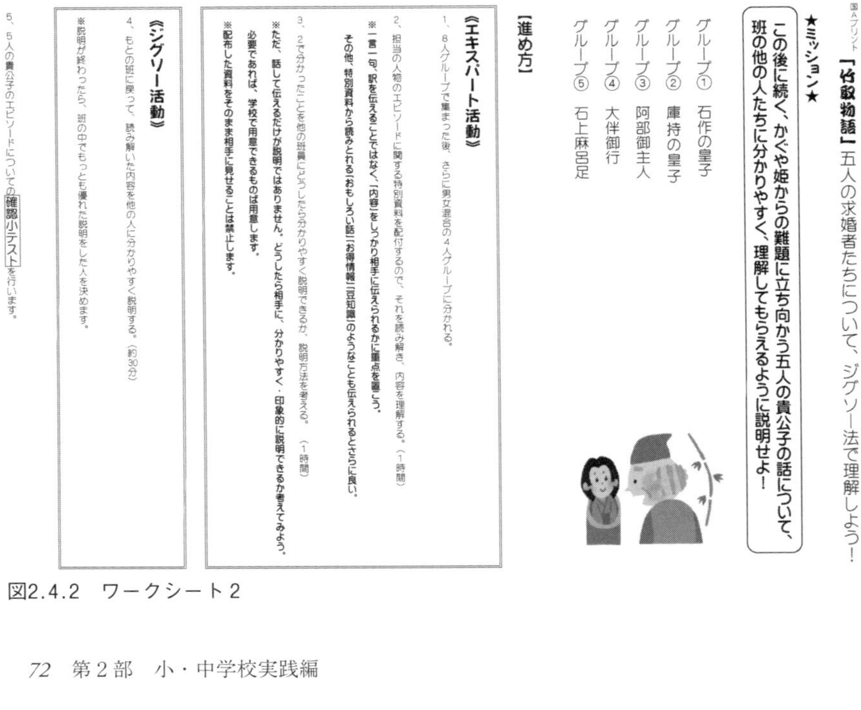

国Aプリント
「竹取物語」五人の求婚者たちについて、ジグソー法で理解しよう！
★ミッション★
この後に続く、かぐや姫からの難題に立ち向かう五人の貴公子の話について、班の他の人たちに分かりやすく、理解してもらえるように説明せよ！
グループ① 石作の皇子
グループ② 庫持の皇子
グループ③ 阿部御主人
グループ④ 大伴御行
グループ⑤ 石上麻呂足
【進め方】
《エキスパート活動》
1、8人グループで集まった後、さらに男女混合の4人グループに分かれる。
2、担当の人物のエピソードに関する特別資料を配付するので、それを読み解き、内容を理解する。（1時間）
※一言一句、訳を伝えることではなく、「内容」をしっかり相手に伝えられるかに重点を置こう。
その他、特別資料から読みとれる「おもしろい話」「お得情報」「豆知識」のようなことも伝えられるとさらに良い。
3、2で分かったことを他の班員にどうしたら分かりやすく説明できるか、説明方法を考える。（1時間）
※ただ、話して伝えるだけが説明ではありません。どうしたら相手に、分かりやすく・印象的に説明できるか考えてみよう。
必要であれば、学校で用意できるものは用意します。
※配布した資料をそのまま相手に見せることは禁止します。
《ジグソー活動》
4、もとの班に戻って、読み解いた内容を他の人に分かりやすく説明する。（約30分）
※説明が終わったら、班の中でもっとも優れた説明をした人を決めます。
5、5人の貴公子のエピソードについての確認小テストを行います。

図2.4.2　ワークシート2

国Aプリント
「竹取物語」　ジグソー活動
組　番（　　　　　　）
▼それぞれの担当について、五分以内に班の人に分かりやすく伝えよう。聞いている人はしっかりメモをしよう。（小テストはこのメモのみ見ながら解いて良いことにします。）
①石作の皇子　エキスパート（　　　　　　）さん
②庫持の皇子　エキスパート（　　　　　　）さん

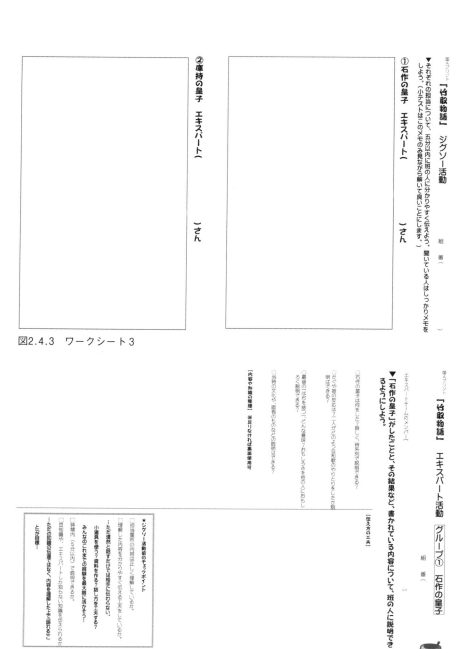

図2.4.3　ワークシート3

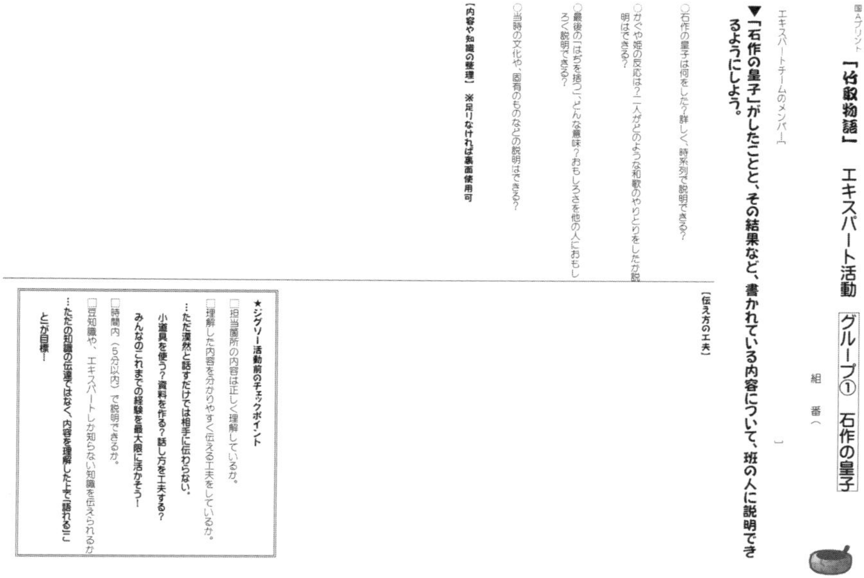
国Aプリント
「竹取物語」　エキスパート活動　グループ①　石作の皇子
組　番（　　　　　　）
エキスパートチームのメンバー［　　　　　　］
▼「石作の皇子」がしたことと、その結果など、書かれている内容について、班の人に説明できるようにしよう。
○石作の皇子は何をした？詳しく、時系列で説明できる？
○かぐや姫の反応は？二人がどのような和歌のやりとりをしたか説明はできる？
○最後の「はぢを捨つ」、どんな意味？おもしろさを他の人におもしろく説明できる？
○当時の文化や、固有のものなどの説明はできる？
【内容や知識の整理】　※足りなければ裏面使用可
【伝え方の工夫】
★ジグソー活動前のチェックポイント
□担当箇所の内容は正しく理解しているか。
□理解した内容を分かりやすく伝える工夫をしているか。
…ただ漠然と話すだけでは相手に伝わらない。
小道具を使う？資料を作る？話し方を工夫する？
みんなのこれまでの経験を最大限に活かそう！
□時間内（5分以内）で説明できるか。
□豆知識や、エキスパートしか知らない知識を伝えられるか
…ただの知識の伝達ではなく、内容を理解した上で「語れる」ことが目標！

図2.4.4　ワークシート4

5 アクティブ・ラーニングを取り入れた書写の指導

単元名　　行書の集大成をしよう
「身の回りの多様な文字に関心をもち、効果的に文字を書こう　②三年間の学習の成果を生かそう」（教育出版『中学書写　3年』）

1．単元の目標

3年間の学習を生かして効果的に書き、日常生活に生かすことができる。
・行書に関心をもち、行書の特徴を理解して、それを日常生活に生かそうとする。
【関心・意欲・態度】
・楷書や行書の筆使いや字形、筆記用具、用紙について考えて書いている。
【書く能力】
・身の回りの多様な文字に関心をもち、効果的に文字を書く。
【知識・理解・技能】（2）ア

2．単元観

本時の単元である「行書の集大成をしよう」では、自分で書きたい言葉を選択し、半紙ではなく、日常生活で生かす機会が多い画用紙を用いて作品を書く。この作品づくりを通して、書写を「好きだ」と思っている生徒は書写の新しい魅力を発見でき、また「面倒だ」と感じている生徒も書写に楽しさを感じ、自分の文字をよりよいものにしたいという思いをもたせることができる。

これらの活動を「行書の集大成」と位置づけ、この単元で学習した行書の特徴を硬筆に応用して日常生活に生かすとともに、身の回りの文字に関心をもち、将来へつながる思いを育みたいと考え、本単元を設定した。

本単元を指導した生徒の実態は下記のとおりである（男子16名、女子15名の学級）。3年生の1学期に書写に関するアンケートの実施結果からみると、半数以上の生徒が毛筆や硬筆を「好きだ」と感じていることがわかる。また、行書に興味をもち、上手になりたいという気持ちで前向きに取り組もうという姿勢のみられる生徒が多い。いっぽう、「好きではない」と感じる原因の多くは、技術的に自信がないこと、毛筆自体に対する面倒だという思いがあることだとわかる。

「文字を書く」という活動は、国語科の学習のみならず、ものの見方や考え方を深め、感性を高めることにつながる大切な取り組みである。

これまでの取り組みから、生徒の実態として以下の点が明らかになった。

表2.5.1　書写に関するアンケート（3年生1学期）

質問内容	回　答		理　由
1毛筆で書く書写は好きですか。	好き・まあまあ好き	68%	・力の入れ方で違う字になるのが楽しいから。 ・きれいに書けたら感動するから。
	あまり好きではない・嫌い	32%	・うまく書けないから。 ・準備や片付けが面倒だから。
2硬筆で書く書写は好きですか。	好き・まあまあ好き	82%	・硬筆のほうが筆より書きやすいから。
	あまり好きではない・嫌い	18%	・きれいに書けないから。
3行書に興味がありますか。	興味がある。	43%	
	あまり興味がないが、うまくなりたい。	43%	
	興味がない。	14%	

○授業のノートに文字を書くことと毛筆で文字を書くことは別のものであるという意識をもっており、毛筆での書写は特別なイメージがあると捉えている生徒が多い。

○「もっとうまく書きたい」と熱心に取り組む生徒がいる反面、苦手意識をもっている生徒は「うまく書けない」ことを言い訳に諦めたり、練習が不十分なままさっさとまとめ書きを終わらそうとしたりする傾向もみられる。

○1・2年次のグループ活動で、行書の技能が高まった生徒もいるため、復習することで自信をもって書くことができるようになるのではないか。

本題材は、①多様な表現による文字　を受けたものであり、それに続く書写単元である。行書と仮名の調和により書初めとつながり、文字どおり中学校3年間の集大成となる題材である。

3．具体的な評価規準

関心・意欲・態度	書く能力	知識・理解・技能
○社会生活で使用されている多様な書体や字形の文字、またそれらの文字の使われ方などに関心をもとうとする。 ○文字を手書きすることの意義に気づき、日常生活においてさまざまな文字に生かそうとする。	○楷書や行書の筆使いや字形、筆記用具、用紙などについて考えて書いている。 ○行書の特徴である筆脈の連続や、点画の変化などについて、確かめながら書いている。 ○文字の伝達性や表現性などを考えながら、目的や必要に応じて効果的に書いている。	○毛筆で学んだことを硬筆に生かすことができる。 ○行書の特徴である筆脈の連続や、点画の変化などを理解し、確かめながら書くことができる。 ○文字の伝達性や表現性などを踏まえ、効果的に行書を書くことができる。

4．単元の指導計画と本時の位置づけ（全8時間扱い）

次	時	生徒の学習内容	教師の指導・支援、評価方法
1	2	（導入）学習課題の設定 行書の集大成をしよう ・書写学習のまとめとして作品をつくるという目標をもつ。 ・２年生で学んだ行書の特徴を思い出し、筆脈の連続や点画の変化を理解して「創造」を練習し、まとめ書きをする。	◇社会生活で使用されている多様な書体や字形の文字、またそれらの文字の使われ方などに関心をもとうとする。【観察】
2	3	（展開）学習技能の習得と活用（Ⅰ） 行書の特徴を生かして書こう ・漢字と仮名の調和を考えて、「初志を貫く」を練習し、まとめ書きをする。 ・国語の教材「おくのほそ道」の冒頭部分を硬筆で敷き写しをする。（国語の授業で活用する。） ・行書のほかの字形を知る。	◇行書の特徴である筆脈の連続や、点画の変化などを理解し、確かめながら書くことができる。【観察・作品】 ◇文字の伝達性や表現性などを考えながら、目的や必要に応じて効果的に書くことができる。【作品】 ◇毛筆で学んだことを硬筆に生かすことができる。【自己評価用紙·ノート】
3	3 本時そ	（展開）学習技能の習得と活用（Ⅱ） 行書の集大成をしよう	◇　行書の特徴である筆脈の連続や、点画の変化などを理解し、確かめながら書くことができる。

	の 3	・Ｔ２の範書を提示する。 ・選択した言葉をどのような作品にするか、オリジナル字典を参考に筆ペンを使って設計図づくりをする。 ・Ｔ２による氏名の範書をみながら、練習する。 ・同じ言葉を選んだ者同士でグループをつくり、設計図の説明をし、助言を伝え合う。 ・助言を受け、自分の設計図に朱書きし、それをもとに何枚か練習する。そのなかで一番うまくできたものを次時に生かすため、残しておく。 ・前時に書いた作品をみて、グループで工夫点や助言を伝え合う。 ・話し合った内容を参考に練習し、まとめ書きをする。 ・前時の作品とまとめ書きを見比べ、一番よくなった作品をグループで選び、全体で紹介し合う。 ・作品づくりに取り上げた字を硬筆（鉛筆）で書く。	【観察・作品】 ◇　文字の伝達性や表現性などを考えながら、目的や必要に応じて効果的に書くことができる。【作品】 ◇　毛筆で学んだことを硬筆に生かすことができる。 【自己評価用紙・ノート】 ◇　文字を手書きすることの意義に気づき、日常生活においてさまざまな文字に生かそうとする。 【自己評価用紙】

本単元の評価

【関心・意欲・態度】

Ｂ評価：３年間の学習を生かし、行書の筆使いなどの習得に自己の課題をもって取り組んでいる。

Ａ評価：自己の課題解決に向けて、積極的に取り組んでいる。

【書く能力　思考・判断・表現】

Ｂ評価：行書の筆使いや字形、筆記用具、用紙について考えている。

Ａ評価：行書の筆使いや字形、筆記用具、用紙を的確に選択している。

【言語についての知識・理解・技能】

技能Ｂ評価：行書の筆使いや字形に気をつけて書いている。

技能Ａ評価：行書の筆使いや字形、筆記用具、用紙を踏まえて、配列に気をつけて書いている。

知識・理解Ｂ：行書の筆使い、字形を理解している。

知識・理解Ａ：行書の筆使いや字形を理解し、配列を整えて書くことを把握している。

5．アクティブ・ラーニング（A. L.）を取り入れた授業デザイン

①アクティブ・ラーニングによって期待される学習効果

本単元では、「行書の集大成をしよう」という言語活動を設定している。今まで学習してきた行書の特徴を生かした作品づくりをすることを目標に、課題解決型の学習活動を行うのである。これまで学習してきた筆脈の連続や点画の変化を復習しながら、4人1組の少人数グループごとに「創造」「初志を貫く」「おくのほそ道」という異なる課題に取り組ませている。

また、課題解決のために、対話・協働型の学習を組織し、言語活動を一層充実させた。これにより、選択した文字についてグループ内で相互に工夫したところや改善すべき点を話し合わせることができ、作品の改善につながる。そして、この学習活動を通して一人ひとりの文字感覚を高めていくのである。

この学習活動を通して、生徒が自分の字に誇りと愛着をもつとともに、それをよりよく改善しようとする意欲を高めることができる。また、様々な字を吟味・検討することで、字に対する鑑賞力を高めるとともに、自分の身の回りの多様な文字に関心をもち、これからの生活のなかで効果的に行書を用いることができるよう指導していく。

②単元のデザイン

生徒は、中学生になって初めて行書にふれ、行書の特徴を知ることになる。「行書の集大成をしよう」を目標に、行書の特徴を確かめながら作品づくりをすることで、「行書を書くこと」の楽しさを単元全体で体感させていく。

第一次では、教科書教材「創造」に取り組み、これまでに学んだ行書の特徴を思い出しながら練習し、まとめ書きをする。アンケート結果から「うまく書けない」ことを理由に苦手意識をもっている生徒がいることがわかったので、特に筆脈の連続や点画の変化を確認させている。その際に自分の氏名の書き方も再確認させる。

第二次では、漢字と仮名の調和を考えて書くことを目標に、「初志を貫く」を練習し、まとめ書きをする。また、国語の教材である「おくのほそ道」の導入時に、冒頭部分を硬筆で敷き写しさせることで、漢字と仮名の調和を体感させるとともに、日常ノートに書くことと書写との関連に気づかせる。また、身の回りにある多様な文字に関心をもたせるために、様々な行書の形を紹介し、行書に関する知識を広げさせる。

第三次では、「行書の集大成」として、教科書教材のなかのいくつかの言葉から、自分が書きたい言葉を選び、半紙ではなくより実用性の高い画用紙に書いて作品として仕上げる。選んだ言葉の一つ一つの行書の形や全体の字のバランスを自分なりに捉え、それをグループで助言しあう対話的・協働的な学びを通して、自分の作品をよりよいものにしていくという学習活動を展開する。

最後に、今までの毛筆での学習を硬筆で確かめさせ、中学校で学んだことが学校生活や社会生活で生かせることについて実感をもって理解させる。毛筆から学んだことを硬筆に生かすのである。

なお、教材については教科書教材「創造」「初志を貫く」「おくのほそ道」「多様な表現による文字」「学習の成果を生かそう」のほか、学校独自に作成したオリジナル字典を用いている。

準備物：前時作品、習字道具、自己評価用紙、鉛筆、設計図、オリジナル字典、画用紙

③採用した学びの技法

書写はとかく、一人で手本を見て練習を繰り返し上達していくという意識が指導者にも学習者にも強い。また、どうしても字の上手・下手という観点で学習に対応する場合が多い。そのため、とかく自分の字に自信がなく下手であることを意識する生徒は、一人で悩み書写が嫌いになったり、自分の作品を隠そうとしたりすることもある。しかし、本来の書写指導は、一人ひとりの文字への認識や感覚を高めることが目標であり、それが最も大切なことである。そのためには、上手・下手ではなく、自分の文字の字形や配置など、書写としての観点をお互いに高めあうことが必要である。一人で練習し、上手くなるという方向ではなく、相互に学びあい、高めあうことができる書写指導が必要であると強く感じる。そこで、次のような学びの技法を取り入れることで、一人ひとりの文字感覚を高め、自らの作品をより高めていくことが可能となるのではないか。

(1) 作品制作のために、自分の字の字形や配置をより良いものにするという、課題探究型のグループ編成を行う。「創造」「初志を貫く」「おくのほそ道」の課題を学習させながら、自分としての課題を選択し、それを工夫・改善し、より良いものにすべく取り組ませる。

(2) 課題ごとに４人グループを組織し、小集団によりお互いの字を吟味・検討し合い、一人ひとりの字を高めあう学習を展開する。

(3) 各グループの代表として、字形や配置などが最も変化した生徒を代表として、全体でシェアし、それらをクラス全体で相互批評させる。

(4) 何がどのように変化しているかをふまえ、各グループ代表生徒の取り組みや解釈をクラス全体で共有する。

(5) これらの活動が円滑に行われるよう、二人の教師が個別に対応するとともに、生徒の意見や感想、解釈などを専門的な立場から補うようにして、学習の共有をより豊かなものにする。

6．学習指導要領との関連

・伝統的な言語文化と国語の特質に関する事項

書写　第３学年　ア：身の回りの多様な文字に関心を持ち、効果的に文字を書くこと。

7．A. L. を取り入れた場合の指導計画（全8時間　本時・8時間目）

①本時の目標

お互いの作品を助言しあうことを通して、行書の特徴を生かし効果的に文字を書く方法に気づき、よりよい文字を書く。

②本時の展開

過程	学習内容と学習活動	教師の指導・支援と評価 ○：指導上の留意点　●：評価規準・方法
導入 10分	1　本時のねらいを確認する。 ［行書の集大成をしよう。］ ・前時よりよい字を書くぞ。 ・字形の違いでこんなにイメージが変わるんだなあ。	○行書の集大成に取り組むという意識をもたせるために T2による範書を提示する。
展開① 20分	2　前時に書いた作品を見て、グループで工夫点や助言を伝え合う。 ［グループで自分の工夫点を伝え、お互いの作品に助言しあおう。］ ・私が工夫したのは、～です。 ・悩んでいるのは、この部分の配置はこれでよいのだろうか、ということです。 ・バランスが悪いからもっとこうしたほうがいいよ。 3　話し合った内容を参考にして練習し、作品づくりをする。 ［グループの助言を生かして練習し、作品をつくり上げよう。］ ・班員のアドバイスや考えを参考にしてよい作品をつくるぞ。 ・やっぱりこの書き方のほうがイメージに合うな。 ・名前も行書できれいに書きたい。	○設計図やオリジナル字典を準備させ、説明や助言の参考にさせる。 ○ T1、T2で机間支援をしながら課題発見のヒントを助言する。 ●文字数に合わせ、効果的に行書の字形を正しく整えて書くことができる。 （観察・自己評価用紙） ↓ ○**学習が進みにくい生徒への手立て**：班員の助言を実際に試してみて作品に反映させ、よいと思ったものを取り入れさせる。 ○お互いの作品を見て評価し合うことで文字を書くことに対する自信や楽しさにつなげる。
展開② 20分	4　前時と本時の作品を見比べ、話合いにより向上した作品をグループで選び、全体で紹介し合う。 ［班のなかで、誰の作品が前時に比べてよりよくなっただろうか。紹介	○「行書」という観点から技術的な面を T1、T2で評価・助言する。

	しよう。 ・お互いの作品を見せ合おう。 ・前時の作品と比べて、ぐんとよくなっている作品は誰のだろう。 ・字のバランスが整ってよい作品になっているなぁ。	○書写の日常化を図るために、硬筆で書かせる。 ●毛筆で学んだことを硬筆に生かすことができている。 （観察・自己評価用紙）
まとめ 7分	5　本時の学習を振り返る。 今日の学習を振り返ろう。 ・今日の学習を生かして、美しい行書でノートをとれたらいいなあ。 ・年賀状は行書で書きたいな。 ・行書のよさを生かして、満足できる作品に仕上がった。 ・高校に行っても、書写を続けたいな。	○**学習が進みにくい生徒への手立て**：基準をよく見て行書の特徴を捉えられているか、確認させる。 ○行書の集大成につながる活動ができたか、自己評価させる。

9．成果と課題

①成　果

○一人ひとりが課題に真剣に取り組み、自分の字を改善するとともに、その方法などについて一生懸命に考え、自分の意見として堂々と発表することができた。
○班活動が活発に行われ、班長中心に対話や協働により、課題の発見や課題解決に取り組むことができた。
○活動の流れが提示されていることにより、生徒は見通しをもち、授業過程に沿ってスムーズに活動することができた。
○１枚目に比べて成果が著しく表れている作品を仕上げた生徒が多数いた。

②課　題

○筆脈の連続や点画の省略などの行書の特徴をおさえることに力を入れていたため、筆の持ち方などの基本的なことについて、個別の指導が十分できなかった。
○確認してから取り組んだつもりだったが、漢字の書き順が正しくない生徒がいた。今後、個人的に再確認して、指導していきたい。

6 複数の作品を読み、さまざまな角度から人物像を捉えよう

単元名　　人物像を多面的に捉えよう
「野原はうたう」（光村図書　中学校『国語１』）

１．単元の目標

①複数の作品の表現に着目し、人物像を捉えようとしている。【関心・意欲・態度】
②詩の構成や展開、表現の特徴について、自分の考えをもち、人物像をとらえることに活用している。【読む能力】
③学習した内容を、詩の創作に生かしている。【書く能力】
④詩に用いられている表現技法の効果について理解し、人物像を捉えることに活用している。【知識・理解・技能】

２．単元観

①学習材の価値

「野原はうたう」（光村図書１年）は中学校の国語で初めて学習する学習材になる。擬人化された登場人物が親しみやすく、学習者にとっては意欲的に学習に取り組むことのできる学習材といえるだろう。

②学習者の実態

中学校１年の教科書にのせられているのは４編。改訂前の２編よりは増えたが、小学校の教科書にものせられている「おれは　かまきり」が引き続き入っている。多くの学習者が既に小学校で学習したことのある学習材である。小学校との指導の違いや系統性を考えると、安易に音読をさせるだけでは十分とはいえない。補助教材等を使った一段階上の学習活動を考える必要がある。

今回工夫した点は次の３点である。

ア　段階を経た指導を行った

中学校の国語の時間で初めて学習する単元なので、「楽しい」だけで終わらず、誰もが「できた」「わかった」と実感できる学習計画を立てた。具体的には次の３段階で指導を行った。

第１時　基本的な読みの技法→第２時　応用的な読みの技法→第３時　技法を活用した創作

イ　読みの技法を明らかにした

技法を身につけることは中学校の国語の学習のゴールではないが、初期の段階において技法を使って読み取らせることは、学習者に「できた」「わかった」と実感させることができる有効な手法である。今回は、人物像を読み取る技法として、二つのことを提示し、学習した。

1．理由（根拠）をはっきりさせる。（特に、詩の中の言葉を根拠にする。）

2．「（人物の）同じ面」「違う（新たな）面」「変化（成長）」に着目させる。

ウ　ノートを活用した

小学校、中学校を問わず授業を参観する機会が多いが、学習者にワークシートを配って学習させていることが多い。

ワークシートの利点としてまずあげられるのが、「効率よく学習できる」ということだろう。現行学習指導要領でわずかに国語科の授業時数が増えたとはいえ、まだ十分な授業時数が確保できたとはいえないというのが、多くの国語教師の実感であろう。その意味ではワークシートの流行は、必要な学習活動を確保するための、教師の「知恵」だといってもよいかもしれない。しかし、効率化を求めるあまり、学習者の思考を妨げる結果に陥ってはいないだろうか。

ワークシートの欠点は、様式が決まっているところにある。学習者がさまざまな思考を働かせたとしても、結局は指導者の意図や思考の枠組みの中で考えているにすぎない。それでは、自分独自の様式による自分自身の考えを構築することは難しいだろう。今日求められているアクティブ・ラーニングは、ワークシート中心の授業では実現することは困難である。

今回は、ノートを活用することを重視した。特に、次の2点に重点を置いた。

①ノートの書き方は、自分で工夫するように指導した。

板書を忠実に写すだけで、ノートを取ったと満足している生徒がいるが、それはただの作業である。自分なりの工夫をすることで、思考は活性化する。

②自分の考えを書いたり、他者の考えをメモしたりする場面でノートを活用させた。

活動の中で、ポイントとなる場面での考えを書かせることで、あとでノートを見直したときに、思考の変容がわかる。振り返りのときにも何を学んだかがはっきりする。

3．具体的な評価規準

関心・意欲・態度	読む能力	知識・理解・技能
・複数の作品の表現に着目し、人物像を捉えようとしている。	・詩の構成や展開、表現の特徴について、自分の考えをもち、人物像を捉えることに活用している。	・詩に用いられている表現技法の効果について理解し、人物像を捉えることに活用している。

4．単元と評価の計画（全3時間）

次	生徒の学習内容	教師の指導・支援・評価方法
1	・小学校の「のはらうた」の学習の復習。既習事項を確認する。 ・教科書に掲載されている、4編の詩を音読する。 ・それぞれの詩の登場人物の、人物像を個人で考える。	・出身小学校によって、多少学習内容が異なる（あるいは学習していない場合もある）と思われるので、まずは実態を把握しておく。 ・このあと生徒に人物像を考えさせるので、ここは普通に音読させる（教師が音読してもよい）。 ・「人物像を考えるときのポイント①」として、「理由（根拠）をはっきりさせる」ことを指導する。とくに、「詩のなかの言葉を根拠にする」ことをきちんと理解させる。 （評価方法・ノート）
2	・「のはらうた」シリーズで、「たんぽぽ　はるか」「かまきり　りゅうじ」「のぎく　みちこ」「けやき　だいさく」が登場するほかの詩を読み、人物像を捉え直す。	・プリント（参考資料参照）を配布し、「のはらうた」が1～6（わっはっは）まであり、それぞれの登場人物が、複数回登場していることを確認する。 ・「人物像を考えるときのポイント②」として、「（人物の）同じ面」「違う（新たな）面」「変化（成長）」をあげ、人物像を捉える目安とさせる。 （評価方法・ノート）
3	・「のはらうた」の形式をまねて、人物像がはっきりとわかるように工夫して、詩を創作する。	・作品が完成したら、必ず創作メモ（人物像を描くための工夫）を書かせる。 （評価方法・作品および創作メモ）

5．アクティブ・ラーニング（A.L.）を取り入れた授業デザイン

①アクティブ・ラーニングによって期待される学習者像

一見して平易に思われる文章（作品）も、別の視点から見ることによって違った見え方をすることがある。授業の仕掛けによって主体的にテキストに向き合わせることで、じっくりと、深く思える学習者が生まれることが期待できる。

②単元のデザイン

詩をじっくりと読み、詩の言葉を根拠にして人物像を読み取る。また、複数の詩を読み比べ、そのなかでの人物の変化（成長）を自分なりに根拠をもって読み取る。

（静的なアクティビティ）

中学校の国語で初めて学習する学習材になるので、今後行っていく交流活動の素地になる「理由（根拠）をはっきりさせる」ことや「「自分の考えをもつ」ことを身に浸けさせるために有効だと考えた。

③アクティブ・ラーニングによって期待される学習成果

考える手立ての指導は必要最低限にし、複数の情報を与える。そのうえでじっくりとテキストに向き合うことで、思考が活性化され、能動的に学習する姿勢が生まれることが期待できる。

6．学習指導要領との関連

「読むこと」

ウ　場面の展開や登場人物などの描写に注意して読み、内容の理解に役立てること。

エ　文章の構成や展開、表現の特徴について、自分の考えをもつこと。

7．A.L.を取り入れた場面の指導計画（全３時間　本時・２時間目）

①本時の目標

多面的な角度から人物像をとらえ直す。

②本時の展開

分	学習内容と学習活動 ○印：学習者の思考の流れ	教師の指導・支援と評価 ●印：評価（方法）
5分	・前時の確認。 ○ノートを見て、「人物像を考えるときのポイント①」と自分が書いたそれぞれの登場人物の人物像を確認する。	・前回は、「人物像を考えるときのポイント①」として、「理由（根拠）をはっきりさせる」、とくに、「詩の中の言葉を根拠にする」ことを学習した。 ●学習者のノートに登場人物の人物像が書かれていることをチェックする。
35分	・本時の活動の説明。 ○活動の内容を理解する。	・今回は「人物像を多面的に捉える」ことが目標である。「のはらうた」には、ここに出てくる４人の登場人物のほかの詩ものせられている。これから、それらの詩を配るので、それを読んで、それぞれの人物像をもう一度捉え直させる。ただし、今回は初めて取り組むので、人物像を捉える目安を示す。

		1．前回捉えた人物像と同じ（似ている）面 2．その人物の違う（新たな）面 3．その人物の変化（成長） これを手がかりに、人物像を捉え直させる。 ・教師は、机間巡視をするなかで、適宜指導・助言を行う。 ・時間の終わりにノートを集める。 ●ノート
10分	・プリント配布。 ○プリントのほかの詩を読んで、三つの目安を手がかりに、人物像を捉え直す。	

8．成果と課題

①成　果

・第１～第２時と、段階を経てステップアップさせたので、比較的抵抗なく課題に取り組むことができた。

・じっくりとテキストに向き合わせることで、学習者が主体的に課題に取り組んだ。それによって、学習者の思考を促進することができた。

②課　題

・今回は４編全部についてほかの詩を取り上げたが、時間に余裕がなかった。また、人物像の変化を追う活動についても散漫になってしまったきらいがある。あくまで導入としての取り組みなので、４編全部についてやる必要はなかったかもしれない。典型的な人物（かまきり　りゅうじなど）を中心に、１～２編で行う方法もあると感じた。

・今回は、じっくり考えさせることがねらいなので、最後まで交流をさせなかったが、学級の実態やねらいによっては、最後に交流活動を設定してもよいかもしれない。

・今回は創作という形で学習の定着を図ったが、それが適切だったか。また、この場面でも交流活動を設定することが可能であると感じた。

参考資料

教　材：たんぽぽ　はるか

・ねがいごと（「のはらうたⅢ」）

・あしたこそ（「のはらうたⅣ」）

・いない　いない……ぱっ（「のはらうたⅤ」）

・たびだち（「のはらうたわっはっは」）

学習者のまとめより：

学習者A ・誰かをいとおしく思う優しい心もあった（「のはらうたⅢ」） ・おひさまと一緒に遊ぶ、明るい面は同じだった（「のはらうたⅤ」） ・旅立つわたげを応援する前向きな面は同じだった（「のはらうたわっはっは」）
学習者B ・少し切ない感じ、切ない面があった。（「のはらうたⅢ」） ・明るく明日に向かっている面がある。（「のはらうたⅣ」） ・陽気な面がある。（「のはらうたⅤ」） ・Ⅳと一緒で、ポジティブな面がある。（「のはらうたわっはっは」） 〈まとめ〉「たんぽぽ　はるか」は、最初は明るく陽気な人だと思っていたが、それだけではなく、少し悲しく、切ない面を持っている人でもあるということがわかった。
学習者C ・どの詩にも、花について書かれていた（わたげについても書かれていた。） ・前向きであきらめない気持ちが現れていた（「のはらうたⅢ」） ・子どもっぽい面がある。（「のはらうたⅢ」） 〈まとめ〉「たんぽぽ　はるか」は、最初の印象とと同じように、前向きな人で何事もあきらめない人だと思った。また、花が好きな人だということもわかった。

教　材：かまきり　りゅうじ
・おれはかまきり（「のはらうたⅠ」）
・てれるぜ（「のはらうたⅡ」）
・やるぞ（「のはらうたⅢ」）
・でっかいこころ（「のはらうたⅤ」）
・なつまつり（「のはらうたⅣ」）
・きまったぜ（「のはらうたわっはっは」）

学習者のまとめより：

学習者D ・熱い面がある。（「のはらうたⅠ」） ・Ⅰと同じで、夏がとても好きという感じがある。（「のはらうたⅣ」） ・やる気があって、リーダーシップがある面があった。（「のはらうたⅢ」） ・照れている面がある。（「のはらうたⅡ」） ・とても心が広く、頑張りやという面があった。（「のはらうたⅤ」） ・少しかっこつけで、自分をものすごくアピールしている面がある。（「のはらうたわっはっは」） 〈まとめ〉「かまきり　りゅうじ」は、最初は常にワクワクしていて楽しそうな人だと思っていたが、やる気があってリーダーシップもあり、照れ屋な面もあり、大きな心を持っていることがわかった。
学習者E ・楽しくてゆかいな面があることがわかった。（特にうたっているところ）（のはらうたⅣ） ・おっちょこちょいな面があることがわかった。（のはらうたⅢ） ・かわいい面があることがわかった。（のはらうたⅡ） ・何事にも一生懸命な面があることがわかった。（のはらうたⅤ） 〈まとめ〉最初は、元気で自分に自信のあるだけの性格だと思っていた。しかし、ゆかいな面やおっちょこちょいで何事にも一生懸命な、素直でかわいい面もあることがわかった。
学習者F ・自分の季節（夏）が来て、よろこんでいる。歌にするほどよろこんでいて、やっぱり元気だな、と感じた。（「のはらうたⅣ」） ・シャキッとしているイメージだったが、夏にダラダラしているのが意外だった。少年みたい。（「のはらうたⅢ」） ・ギャップが見える。でも、強がっているところがイメージどおり。（「のはらうたⅡ」） ・見た目だけでなく、心も大きく、まさに英雄といった感じがする。（「のはらうたⅤ」） ・とてもよろこんでいることが伝わる。やっぱり強い。（「のはらうたわっはっは」） 〈まとめ〉ずっと強くて、自分だけで生きているような感じだったが、だんだんギャップが見えてきた。甘える部分もあってかわいい面もあることがわかった。

学習者G

・自分がのはらのトップだと思う、プライドの高さは同じ。(「のはらうたⅡ」)
・自分の格好良さを伝えようとする言葉は少なく、まつりを楽しむのんびりとした性格は意外だった。(「のはらうたⅣ」)
・自分をほめたたえ、心の強さを誇示するプライドの高さは同じ。(「のはらうたⅤ」)
・自分を成長させようと真剣に考える真面目な面があった。(「のはらうたⅢ」)
・自分が「のはらの　コンダクター」と言ったり、「いえぃ　きまったぜ」といった格好つける面は同じ。(「のはらうたわっはっは」)

〈まとめ〉「かまきり　りゅうじ」は、最初単なるナルシストだと思っていたが、自分を成長させようとする真面目な面もあり、努力家であることがわかった。

7 新聞記事を活用した批評文の指導
—18歳選挙権の是非を問う15歳の主張—

単元名　説得力のある批評文を書くために
「説得力のある文章を書こう～批評文を書く」（光村図書『国語３』）
関連教材：「『批評』の言葉をためる」（光村図書『国語３』）

１．単元の目標

・客観的・分析的に物事を見つめることの必要性に気づかせ、テーマを決めて批評することに関心をもって取り組もうとしている。【関心・意欲・態度】
・テーマに沿って集めた情報を整理して考えを深めるとともに、意見や根拠を述べる順序を考えている。【書く能力（ア）】
・論理の展開を工夫し、資料を適切に引用するなどして、批評文を書いている。【書く能力（イ）】
・使おうとする漢字や語句の意味・用法を明らかにさせ、実際の表現に役立てている。【知識・理解・技能】

２．単元観

「批評」とは、対象とする事柄について、そのもののよさや特性、価値などについて、論じたり、評価したりすることで（学習指導要領解説）、批評文を書くのは中学校の学習において初めての言語活動である。多種多様なメディアからの情報があふれ、しかも瞬時に手軽に情報を入手できる現代社会において、情報を取捨選択し、物事を客観的・分析的に捉える力が求められている。

関連教材「『批評』の言葉をためる」は、「批判」と「批評」の違いを具体的な例をあげて説明し、15歳という年齢における「批評すること」の意義を述べている。感情的に物事を捉えるのではなく、情報や言葉を吟味し、自分なりの価値基準をもって判断しそれを発信する力、他者との意見交流と通して自己の見方の狭さや偏りを修正していく力を養うことは、現代社会に生きる生徒たちにとって非常に大切なことである。

「批評文」は３学年で初めて学習するが、それに似た形式として生徒たちはこれまでに「意見文」や「鑑賞文」を学習してきた。「意見文」の学習では根拠と反論に対する意見をもとに自分の意見の述べることを学び、「鑑賞文」の学習では観点を決めて作品を味わい感動を伝える文章の書き方を学んでいる。

今回の「批評文」では、批評する事柄について自分の主観だけでなく、情報を収集して観点を決め、客観的・分析的に物事を見つめることが求められるが、日頃の生徒たちの会話や言語生活からは自分の好き嫌い、損得などから短絡的に物事を捉えて発言してしまう、短い言葉でメールやSNSなどでやりとりをするといったことが多く、そこから誤解やトラブルが生じることも少なくない。そこで、物事を多角的に捉え、言葉を吟味して発信する力を養いたい。

今回批評文を書くテーマとして、本授業実施約２週間前に決定した「選挙権18歳引き下げ」を取り上げることにした。テーマ設定の理由は、「５．アクティブ・ラーニング（A.L.）を取り入れた授業デザイン」にて詳述する。

３．具体的な評価規準

関心・意欲・態度	書く能力	知識・理解・技能
批評することの意義を理解し、テーマについて積極的に情報を集めて批評文を書こうとしている。	集めた情報を整理し、意見や根拠を述べる順序を考え、論理の展開を工夫して批評文を書いている。	必要によって辞書を活用し、適切な漢字・語句を使用している。

４．単元と評価の計画

次	生徒の学習内容	教師の指導・支援、評価方法
1（1時）	関連教材「『批評』の言葉をためる」を読み、「批判」と「批評」の違いを捉え、批評することの意義を考える。	・「批判」が「不平不満の言葉」「単なる好き嫌い」であるのに対し、「批評」は「自分なりの価値基準の根拠を明確にして、物事を評価すること」であることを読み取らせる。
2（2時）	・教科書の例文を読み、批評文の構成と書き方を確認する。 ・「選挙権18歳引き下げ」について関心をもち、関連する新聞記事を読んで、ワークシート１に記入する。	・はじめに公職選挙法改正についてふれ、18歳になったら選挙に行きたいか問いかける。 ・十代への街頭インタビュー記事を読み、関心をもったところや共感するところに線を引かせる。選挙権年齢引き下げへの賛成・反対意見の多くが根拠のない「批判」であることを確認する。 ・各自好きな記事から読み進めてよいことにする。班員で色を分け、興味のもった記事に線を引かせる。
（3時）	・グループで互いの観点を紹介し、助言し合うことで観点を決める。	・初めに同じ記事を読んだ生徒の異なる意見、同じ事柄に関する異なる視点の

	・ワークシート２を使って集めた情報を整理し、説得力のある文章の構成を考える。	記事を読んだ生徒に発表させ、多様なものの見方を共有する。
（4時）	構成メモをもとに、新聞記事を活用して批評文を完成させる。	・構成メモを活用させ、論理の展開を工夫させる。 ・引用の羅列にならないよう、効果的な資料の活用について個別に指導する。
事後	完成した批評文を「国語科通信」を通して共有し、それぞれのよい点を学び合う。	・効果的に資料を引用して説得力のある批評文（引用した事柄に対し、しっかりと自分の立場や考えが述べられているもの）を紹介する。

【批評文の評価】

B評価：資料を引用しながら構成メモに従って文章を書き、自分の考えを述べている。

A評価：自分の考えをより説得力あるものにするために、引用した事柄に対して自分の立場や考えを述べるなど、効果的に資料を引用したり、構成を工夫したりしている。

5．アクティブ・ラーニング（A.L.）を取り入れた授業デザイン

①アクティブ・ラーニングによって期待される学習効果

「書く」ということは、書き手の主体的な行為である。しかし、「書く」過程、つまりテーマを決め、思考し、判断し、表現するという一連の行為は静的かつ内的なもので、外からは見えにくい。書く能力の個人差は大きく、書くことが苦手な生徒のなかには、書くことが見つからない者、どのように書いたらいいか困っている者、書きたいことはあるがうまく表現できない者などさまざまである。また、教師にとって、目の前で困っている生徒がどこでつまずいているのかが見えづらい。

そこで、書く過程を可視化して他者と共有することで、書くことへの動機づけを高め、テーマについてのものの見方や考え方を深めさせることができるのではないかと考えた。

②単元のデザイン

今回、「選挙権18歳引き下げ」を取り上げ、批評文を書くことにする。時事的な問題であると同時に、3年後には選挙権をもつ中学3年生の生徒たちには関心をもってほしい問題であるからである。主権者となれば、政党や候補者の政策などの情報をまさに批評し、選挙に参加することが求められる。

③採用した学びの技法

生徒のなかに、選挙に高い関心をもっている者、数年後には主権者になるという自覚をもっている者はそう多くはないのではないかと予想される。そこで、「選挙権18歳引き下げ」についてどう思うか問いかけ、「面倒くさい」「行かない」「意味がない」という「批判」から始め、新聞記事の十代の声を紹介する中で少しずつ興味関心と考えを深めさせていきたいと考えた。また、生徒間のテーマに関する関心の度合い、新聞記事から必要な情報を読み解く力やそれをもとに情報を整理して書く能力の差などを考慮して、下記の点を工夫して指導にあたる。

①全員が分析の観点を決めることができるように、グループでの情報共有の場を設ける。

②グループ活動の効果を高めるために、人間関係や能力に配慮した４人グループをつくる。

③関連する新聞記事をできるだけ多く（五社『東京新聞』『読売新聞』『朝日新聞』『毎日新聞』『産経新聞』16記事）提供し、各自関心のある記事を読めるようにする。また、グループ間で異なる記事を読んで意見交流することで、ものの見方を広げられるようにする。その際、各自色を決めて関心をもった箇所に線を引かせる。

④学習の過程がわかりやすく最終的に批評文が書けるように、ワークシートを工夫して活用する。

6．学習指導要領との関連

ア　社会生活の中から課題を決め、取材を繰り返しながら自分の考えを深めるとともに、文章の形態を選択して適切な構成を工夫すること。

イ　論理の展開を工夫し、資料を適切に引用するなどして、説得力のある文章を書くこと。

7．A.L.を取り入れた場合の指導計画（全４時間　本時・３時間目）

①本時の目標

グループでの話し合いを通して分析の観点を決め、批評文の構成を考える。

②本時の展開

分	学習内容と学習活動 ○印：学習者の思考の流れ	教師の指導・支援と評価 ●印：評価方法
導入	（１）前時までの学習を振り返る。 （２）本時の目標を把握する。	①各自、前時のノートを振り返らせる。 ②黒板に目標を明示する。

5分	分析するための観点を決め、批評文の構成を考える。	
展開① 15分	（3）グループで話し合う目的と話し合いの進め方を確認する。 （4）グループで各自が見つけた観点について紹介しあい、助言しあうことで、それぞれが最終的な観点を決める。	③前時のワークシート1を用いながら、話し合いの例を示す。同じ観点についての異なる記事、あるいは同じ記事についての異なる見方など、多角的なものの見方を知り、話し合いの目的を意識できるように生徒を指名する。 ④各グループに辞書を用意し、必要に応じて辞書を活用するように促す。全員が観点を決められるように机間指導をする。 ●観点を決めて、ワークシート2に記入している。【観察・ワークシート】
展開② 20分	（5）決めた観点について再度情報を集めて整理し、批評文の構成を考える。	⑤情報源として、一つの記事だけでなく複数の記事にあたるように指示する。引用する際は出典を必ず明記するように指導する。 ●観点をもとに情報を整理し、構成メモを書いている。【観察・ワークシート】
まとめ 10分	（6）作成した構成メモを共有し、互いに学び合う。 （7）次回の予定（本時の構成メモをもとに批評文を完成させる）を確認する。	⑥数名に実物投影機を使って完成した構成メモについて説明させる。 ⑦批評文を書くにあたり、さらに必要な情報があれば、次回までに用意してくるように伝える。 ●観点をもとに集めた情報を整理し、構成メモをつくっている。【ワークシート】

8．成果と課題

①成　果

(1) 多様なものの見方・考え方にふれることで、テーマについての関心の高まりと考えの深まりがみられた。

・複数の新聞を読み比べることで、各社の論点の違いを知り、多角的なものの見方を知った。また、新聞への関心も高まった。

・各グループに多くの関連記事を与え、各自がそれぞれ興味をもった記事を読んだことでインフォメーション・ギャップが生じ、話し合いが活性化した。

・話し合いを通して、各自が読んだ記事やそれについての考えを交流し、友人との着眼点の違いから、さらに考えを広げた。
・当初は選挙や政治について関心の低かった（なかった）生徒が、進んで新聞記事を読み、最終的には少なからず関心をもった。「意味のある一票を投じたい」「あと３年で少しでも政治について学びたい」という感想も多くみられた。
(2) 書く過程の可視化と共有によって、生徒一人ひとりの書くことへの意欲が高まった。
・グループ編成に配慮したことで、活発な意見交流ができた。
・読んだ記事に色分けして線を引かせたことで、互いの関心を共有するとともに、各自が批評文を書くときにも役立った。
・話し合いやその後に各自で書いた構成メモが役立ち、とくに書くことが苦手な生徒が「書けた」という実感をもてた。
(3) 関連教材「『批評』の言葉をためる」の内容理解が深まった。
・批評文を書くことを通して、「批判」と「批評」の違いをより意識し、人との付き合い方や発言の仕方などを省みる機会になった。

②課　題

政治や選挙について公教育で扱うことはタブー視されることが多い。それゆえ、今回の公職選挙法改正に伴う学校現場の戸惑いの声を取り上げる記事も多く見られた。このようなテーマを授業で扱う際には、資料の適切さをより吟味したり、社会科と連携したりして慎重に進める必要がある。

しかし、今回の授業のように、考える機会が与えられれば選挙について生徒たちは真剣に考え、理解や関心が高まることが分かった。各グループに16もの記事を与えたことは無謀であったかもしれない。だが、情報化社会であり、十代の意見も問われるようになった今だからこそ、あふれる情報のなかから必要なものを取捨選択し判断し発信していく力を子どもたちに身につけさせていくことが課題だと考える。

説得力のある文章を書こう―批評文を書く①

三年（　）組（　）番　氏名（　　　　　　）

【目標】批評文を書くために、新聞記事を読んでテーマに関する情報を集める。

◎テーマ　選挙権十八歳　についての興味を持った記事をメモしよう。

資料NO．②	新聞社：　朝日新聞	日付：　六月十八日
記事の内容： 有権者が二四〇万人増える。 米国、英国、ドイツ、フランスといった先進国を含む世界中の約九割の国や地域では、十八歳の選挙権は当たり前。		自分の意見・評価： 世界的な潮流に遅れをとらないという面でも必要かな？ 分析の観点：　海外との比較

資料NO．⑦	新聞社：　読売新聞	日付：　六月十八日
記事の内容： 都内の高校で行った模擬選挙では、投票率は七〇パーセント。学校での選挙、政治に関する教育を見直す必要がある。 ドイツで引き下げた時に投票率がアップしたのは、親との同居が影響→日本も同様に？		自分の意見・評価： 今投票率が低いのは、政治についての知識が不十分だから？学校で教えてくれればアップするかも。 分析の観点：　学校の主権者教育

資料NO．⑭	新聞社：　読売新聞	日付：　六月十八日
記事の内容： 若い世代の私たちは、今後の社会を作っていくと責任をもって考えなければいけない。政党も若い世代を意識した新しい政策を打ち出し、政治全体の意識が変わってくる。		自分の意見・評価： 奨学金や就職など、自分の近い将来に関わる政策だと、関心がもてるかも。 分析の観点：　引き下げの長所

図2.7.1　ワークシート1

説得力のある文章を書こう―批評文を書く②

三年（　）組（　）番　氏名（　　　　　　）

【目標】互いに読んだ新聞記事の情報を共有して観点を整理し、構成メモを作る。

◎**【選挙権十八歳引き下げ】**について批評する。

① **班で情報を共有し、観点別に整理しよう。**

観点	○	×	課題・対策
諸外国との比較	資料NO　② 海外では十八歳が主流。十六歳という国・地域もある。若者の意見が反映されている。	資料NO　⑨ 選挙年齢引き下げが若年層の政治への関心を高めるとは限らないという指摘もある。	資料NO　② 海外では選挙権年齢＝成人年齢であることが多い。
十八歳に引き下がる長所と短所	資料NO　④ 少子高齢化社会において、若い世代の声を反映できる。シルバーデモクラシーの緩和へ。	資料NO　⑪ 若い世代の政治的関心・知識が少なく、投票は「正直めんどくさい」という声も多い。	資料NO　⑦ 学校での主権者教育の充実が必要。
学校での主権者教育	資料NO　③　⑦　⑪ 実際の選挙の模擬投票や、自治体の選挙管理委員会と協力した取り組みも広がっている。	資料NO　⑦ 「教育の政治的中立性」を保ちながらどのように授業するか、学校現場は戸惑っている。	資料NO　⑤ 主権者教育は学校のみではできない。行政、保護者、地域住民の理解と協力が必要。
国や各党の取り組み	資料NO　⑦　⑧ 行政は高校生用副教材と教師用マニュアルを作成中。政党はSNSを使ったアピールを模索。	資料NO　①　⑦ 十七歳と十八歳が混在する高校三年生の選挙運動は慎重に。選挙違反になるおそれがある。	資料NO　⑤ 文科省は高校生への対応で手いっぱい。小中学校への主権者教育はまだ先。

② **構成メモを書こう。**（教科書 p.175 参照）

現状	選挙権が十八歳に引き下げられ、新たに二百四十万人が有権者になったが、十代からは「めんどくさい」「よく分からない」という声も多い。
問題提起	若者の意見が政治に反映されるようになるのはいいことだが、選挙権年齢引き下げによって、本当に投票率は上がるのだろうか。また、課題はないのだろうか。
評価・分析・根拠	自分自身、これまであまり政治に関心を持ってこなかった。友達との間で話題になることもない。そんな自分が三年後、適切な判断ができるか不安。 →「有権者教育」が必要。
引用・根拠	海外では選挙権十八歳が主流である。（「朝日新聞」六月十八日付） 「産経新聞」（六月十八日付）によると、ツイッターやLINEなどのSNSを用いた政策が進められている。→より身近に、分かりやすく選挙の知識が得られる一方、十八歳と十七歳が混在する高校三年生では使用に注意が必要になる。
評価・まとめ	私たち若い世代の意見を世の中に反映できることは魅力的である。有権者になるための教育の改善に期待するとともに、私たち一人ひとりも有権者としての自覚を持つ必要がある。

図2.7.2　ワークシート2

参考資料【生徒作文】

六月十七日、選挙権が十八歳に引き下げられる改正公職選挙法が可決・成立した。新たに二百四十万人が「有権者」となり、若い年代への期待もふくらむ中、実際、「めんどくさい」「よく分からない」などの声が出ているのが現状だ。

若い年代の意見が世の中に反映されることは、近い将来日本を担う若者たちの意識改革においても重要なことだ。そして、これまで有権者でありながら選挙に行っていなかった人達の意識も変わってくることだろう。しかし、これは、あくまで新たに加わった有権者が選挙に行ったら、の話である。

実際、三年後に選挙権が与えられる私自身、これまであまり政治に関心を持ってこなかった。友達との間で話題になることもない。最近話題になっている憲法改正や安全保障などの問題に対しても適切な判断ができるのだろうかという不安を感じてしまう。そして、若者の選挙への関心に比例するかのように、明らかに選挙への知識が足りないのだ。

海外に目を向けてみると、選挙権十八歳という国が主流で、十六歳以上へという動きが出ている国もあるようだ。「朝日新聞」（六月十八日付）によると、ノルウェーの総選挙では、中・高校生が候補者を質問攻めにして模擬投票を行った結果がトップニュースで流れ、それを見て投票先を決める親もいたという。確かに少子高齢化が進む中で、将来を担う若者達が政治に参加する意義は大きい。実際に、「就職までに景気が良くなるように投票したい」「知名度ではなく、政策を見て投票したい」といった大学生の積極的な声もある（「産経新聞」（六月十八日付）。だが、適切な判断ができるかどうか、選挙についての関心がない今の状況では不安の方が大きいと思われる。そのため、いかに分かりやすく、良質な「有権者教育」がなされるかが課題となるだろう。「産経新聞」（六月十八日付）によると、最近では「ツイッターやＬＩＮＥなど高校生の間に普及している『ＳＮＳ』を用いた政策」も進められている。一方で、十七歳と十八歳が混在する高校三年生の選挙運動は選挙違反にならないように注意喚起も必要になってくる。

このように、より身近に、分かりやすく選挙の知識を深めていくための主権者教育の充実が求められる。それと同時に、私たち一人ひとりが有権者としての意識を持つことも大切である。今回の選挙年齢引き下げが、これからの日本が良くなっていくきっかけになることを期待している。

8 豊かな社会性と論理的思考力・判断力を培う反転学習とアクティブ・ラーニングの試み―『走れメロス』を題材にした教室ディベート―

単元名　論理的な思考力と表現力を高めよう
「走れメロス」「話し合って考えを広げよう」（光村図書　中学校『国語２』）

１．単元の目標

確かな読みの力を身につけ、課題解決学習に基づき豊かな表現を工夫し、感動を伝え合う。【話す・聞く能力】

２．単元観

教科書教材のなかで設定された話題について、互いの考えを伝え合い、自らの考えや集団としての考えを発展させることで、論理的思考力・表現力を高めるために、文学的文章の「走れメロス」を選択した。単なる言語活動ではなく、反転学習からアクティブ・ラーニングを試み、本単元ではディベート形式の討論を用いて議論を深め、より高次の解決策に至る経験を与えて、社会で活躍できる人材を育成したいと考えた。

生徒は、入学当初より200字・400字・600字・1200字の課題作文に取り組んでおり、１分間のスピーチとして400字程度の原稿が必要なことを体得している。資料から得た論拠と感動を、発表時間に応じた内容や表現で発表させたい。また、モデリングを行うことでより効果的な話し合いの指導を行いたいと考える。

３．具体的な評価規準

関心・意欲・態度	話す・聞く能力	書く能力
・反転学習を、読解や言語活動に生かし、意欲をもって取り組もうとしている。	・論拠を押さえ、文章にした自分の感動や考えを、わかりやすく伝えている。友人の発表をしっかり聞き、共感したり批評したりしながら、自分自身の読みを深めている。	・論拠を押さえ、論理的な文章を書くとともに、友人の発表を評価カードおよびフローシートに正確に記入している。

4．単元と評価の計画

次	生徒の学習内容	教師の指導・支援、評価方法
1	・教室ディベートⅡについての説明を受ける。 ・「少年の日の思い出」「走れメロス」「故郷」「携帯電話」についての授業実践ビデオを視聴する。 ・論題および肯定側否定側の選択をする。 ・役割分担のためにグループ討議を行う。	・今回教室で行うディベートのフォーマットと主張の話型例を説明する。(板書) ・同じ生徒の授業実践ビデオ4回分を視聴させモデリングし、生徒の変容を考えさせる。(発言) ・教科書からテーマを提示し対立項となる論題を考えさせる。(グループ討議) ・班で話し合い論題と肯定否定を選択させ、役割分担を決定させる。
2 ・ 3	・反転学習により、収集した作家論、時代背景、作品をもち寄り、整理する。 ・発表原稿を作成する。 ・肯定側・否定側で別室を使用し、シミュレーションを行う。	・反転学習で討論に必要な資料を集めさせておく。テーマに沿ってメリット・デメリットを考えるよう指示する。 ・各班の主張の論拠を、もち寄った資料から探させ、討論に有効な内容の骨子を、話し合って構成させる。(話し合い) ・話し合いの内容をもとに、各担当の原稿を工夫して作成させる。(観察) ・完成した立論や、予想される反駁を時間内に練習させる。(言語活動・関心意欲)
4	・ディベート発表会①　(本時) ・ディベート評価カード記入法指導を受ける。前回と異なり、評価カードの裏面のフローシートの書き方を学ぶ。	・視聴者にも発表者にも評価のポイントを伝え、従来の評価カードの裏面にフローシートがあることを知らせる。ルーブリック評価を明示しておく。 ・ビデオ撮影・記録を行う。 ・ディベートがスムーズに進行するように支援する。 ・判定のコールを行う。 ・フロアの生徒には、評価カードに得点を記入させ、判定させる。フローシートがメリット・デメリット・現状分析について正対して記入しているか観察する。(話す・聞く)
5	・ディベート発表会②　まとめと反省・相互評価	・ワークシートに各自の成果と課題をまとめさせる。

		・ディベート形式の討論について振り返り、成果と課題をまとめる。

5．アクティブ・ラーニング（A. L.）を取り入れた授業デザイン

教室ディベートについては、どの学校の生徒も大変意欲的に取り組み、話す力・聞く力・論理的思考力・表現力が飛躍的に向上する成果がみられる。そればかりでなく、実の場へつながり、生きて働く力としてディベート形式の討論が生徒に与えてくれるものは大きい。中学２年生にとって、今回が２回目のディベート形式の討論である。ディベート以外の言語活動については、中学１年生４月当初から計画的に指導してきた。パブリック・スピーキングを意識したコミュニケーション能力を養うとともに、学習意欲をさらに向上させたい。

教室で扱う教材としてはあえて教科書に採択される話題や文学的文章・説明的文章を選択している。学習指導要領遵守の姿勢と、検定教科書教材ならば、安心して作品を読み解き、論拠を探し、自由に想像力を働かせ自分の立場に立って考えを述べることができるからである。

①アクティブ・ラーニングによって期待される学習効果

３年間を見通した学習計画のもと、ディベートをはじめとした『話す・聞く』の授業を行うことで、文学的文章の主題へアプローチ・客観的事実に基づいた論拠の有効性の認識・論理的思考力や表現力の育成・コミュニケーション能力の育成・他者の意見を受容・考え方の多様性を認識するために大きな有効性が認められる。動画からもわかるように、生徒は高い意欲を保持した状態で、基礎学力・論理的思考力・プレゼンテーション能力、論述の力が飛躍的に向上した。数字として表れる「国語力」も同様である。

また、区市町村立中学校では、学力向上の成果をＢからＡに上がった、あるいは校内定期考査の素点の上昇で図らなければならない。しかし、実際外部テストを行い、標準点を追っていくと、アクティブ・ラーニング型教室ディベートを１回実施するごとに、標準点５～10ポイントの上昇が確実となった。また、全国学力調査国語Ａ・Ｂについても、「時間はかかったが、簡単に感じられた」という生徒が多かった。生徒の学習意欲は高く、多くの生徒が授業で達成感を得たい、ほめられたい、力をつけたいと望んでいる。「生徒の意欲を絶やさず、着実に学力をつける」教師側の工夫と、生徒たちの取り組みにより学力は大きく向上した。

②単元のデザイン

「信じられているからこそ、期待に報いなければならぬ」と考えるメロスが力強く描かれているこの作品は、じつは作者の自殺未遂や文学的転向、パビナール中毒等の10年間におよぶ破滅的な生活の果てに描かれたものである。メロスは親友を人質とし

て暴虐な王のもとに残し、妹に婚礼をあげさせ急ぎもどる彼に次々と苦難が襲いかかるが、死力を尽くして刑場に戻るメロスらの友情に王の人間不信も解ける。ここでは教科書中から人物像と人間関係を捉え、人物の心情や行動の意味を理解し、作品の主題に迫る。そして、事前に反転学習として「太宰治作家論」を課題解決学習のために準備させ、幅広い読みの可能性を追究した。ただし、読解指導と言語活動との大単元化は避け、それぞれ単独のものとして扱った。

また、入学当初より200字・400字の課題作文に取り組んできているが、1分間のスピーチとしては、400字程度の原稿が必要なことも生徒は体得している。読み取った論拠と感動を発表時間に見合う文章として豊かな表現で発表させ、お互いの発表を認め合う姿勢を育てたい。

●デザイン上の留意点

・生活班対抗で討論できるようにオリジナルフォーマット（形式）を用いる。
　肯定側立論（３分）→否定側立論（３分）→否定側反駁（２分）→肯定側反駁（２分）→否定側最終弁論（３分）→肯定側最終弁論（３分）各回作戦タイム有り
・当該教材から論題を３つ、教師または生徒が設定し、それぞれ肯定側否定側を各班が選択し、生活班６班で対戦し、必ず全員が発表する。
・200字・400字・600字・1200字・2000字の課題作文を書く練習を、１年次から計画的に行い、発表原稿として400字が１分程度と体得しておく。
・言語活動は必ずビデオで記録し、評価や授業改善に用いる。生徒も成果と課題を確認できるようにする。
・授業記録を視聴しモデリングを行う。

③採用した学びの技法

1．ディベート形式の討論については中学校課程３年間で計画的に３回実施する（『話す・聞く』領域年間指導総時間数18時間のうち４時間程度を１回のディベート授業に充てる。ほか14時間については、単元のかかわりのなかでスキット・ロールプレイ・インタビュー（既習）・視聴覚機器を用いたプレゼンテーションなどに充当する）。また、学力向上には学習計画が重要であると考え、現行学習指導要領と教科書の配列を中心に別紙のような学習計画をどの学年でも立案している。
2．公教育・教科の特性から、中学１・２年生で社会問題を扱うことは避け、教科書学習材にあげられる「身近な話題」や「文学的文章及び説明的文章」に論題を求めたディベートという形式をとる。
3．指導のねらいや学習材に応じて、場合によっては教科横断的なディベートやプレゼンテーションを行う（例：反駁部分英語、公民生活設計・マネーゲームからの論題設定など）。

6．学習指導要領との関連

1　目　標

目的や場面に応じ、日常生活にかかわることなどについて構成を工夫して話す能力、話し手の意図を考えながら聞く能力、話題や方向を捉えて話し合う能力を身につけさせるとともに、話したり聞いたりして考えをまとめようとする態度を育てる。

2　内容A　話すこと・聞くこと

（1）指導事項

ア　日常生活のなかから決めた話題について、人との交流を通して話し合うための材料を集めること。

イ　全体と部分、事実と意見に注意しながら話を構成し、相手の反応をふまえながら話すこと。

オ　話し合いの話題や方向を捉えて的確に話したり、相手の発言を注意して聞いたりして、自分の考えをまとめること。

（2）言語活動例（関連する言語活動例の明示）との関連

イ　日常生活のなかの話題について対話や討論などを行うこと。

（3）伝統的な言語文化と国語の特質に関する事項との関連

ア　音声の働きや仕組みに関心をもち理解を深めること。

イ　語句の辞書的な意味と文脈上の意味との関連に注意し、語感を磨くこと。

7．A. L. を取り入れた場面の指導計画（全５時間　本時・４時間目）

①本時の目標

・確かな読みの力を身につけ、課題解決学習に基づき豊かな表現を工夫し、感動を伝え合う。

・発表者も視聴者もメリット・デメリット・現状分析について正対しているか捉える。

②本時の展開

●１年次「少年の日の思い出」を題材に下記の形式で教室ディベートを行った。反駁１回のみの略式ディベートであるが、生徒は大変意欲的に取り組み、話す力・聞く力が飛躍的に向上するなど成果がみられた。今回は論拠を作家論や太宰治の他作品に求めるために反転学習を行い、課題解決内容を読解資料として今回はつなげる準備段階として、反駁を行い、パブリックスピーキングを意識した国語でのコミュニケーション能力を養うとともに、学習意欲をさらに向上させたい。

・Ⅰ　立論　肯定側３分　否定側３分　⇒　～作戦タイム１分～
・Ⅱ　反駁　否定側２分　肯定側２分　⇒　～作戦タイム１分～
・Ⅲ　最終弁論　否定側３分　肯定側３分

・Ⅳ　判定（フロアの視聴者）

●ディベートの有効性であるが、社会問題をテーマにディベートを言語活動として扱うと、思想信条にかかわる部分や、教室で扱う教材としては不適当な部分も出てくる。しかし文学的作品ならば、作品を読み解き、論拠を探し、自由に想像力を働かせ作中人物や作者ひいては自分の立場に立って考えを述べることができる。また、論題については、作品のなかから相反するテーマを設定する際、生徒が身近に感じられ、どちらの立場に立っても論じやすいものを生徒の感想や意見から論題を設定するのが有効である。

分	学習内容と学習活動 ○印：学習者の思考の流れ	教師の指導・支援と評価 ●印：評価（方法）
導入	○本時の目標と学習内容を確認する。 ○発表者・視聴者・タイムキーパーはそれぞれのフロアに移動、準備しておく。	○本時の目標と学習内容を理解させ本時の言語活動の実践に向けて、発表者は自信をもって臨むように、視聴者は理解を深めるように励ます。 ●ディベートに積極的に取り組もうとする。【関心・意欲・態度】
展開	①論題Ａ「メロスは真の勇者である。是か非か。」について発表する。 ○視聴者は評価カードに得点を記入し、判定する。とくに心に残った生徒や意見は記入しておく。 ②論題Ｂ「作者が自身を投影していたのは、ディオニス王である。是か非か」（③論題Ｃ「セリヌンティウスは重要な人物である。是か非か」を次回行う予告をする）。	○視聴者への机間支援。 ○ビデオ撮影・記録。 ○ディベートがスムーズに進行するように支援する。また、評価カードをしっかり描くように支援する。 ○判定のコールを行う。 イ．論拠を押さえ、文章にした自分の感動や考えを、わかりやすく伝えることができる。 ●友人の発表をしっかり聞き、共感したり批評したりしながら、自分自身の読みを深めることができる。【話す・聞く】
まとめ	○本時のまとめと反省、指導者および視聴者からの評価は次回行うことを予告する。	

8．成果と課題

①成　果

ディベートやプレゼンテーションの授業で毎回生徒に大切にするように言ってきた

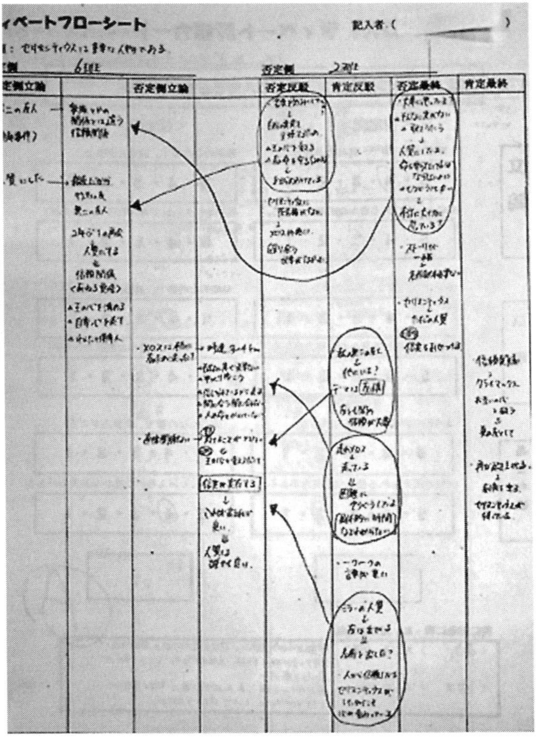

図2.8.1　ディベートフローシート

ことは「論拠のある内容」と「パブリック・スピーキング」である。いつも準備期間はわずかだが膨大なエネルギーを費やす。生徒は立論を構築するために、多種多様な書籍やデータにあたり、再構築に2000字以上の文章を苦しんで書き、それをそぎ落としていく。また、よい発表をするために班員同士で話し合い、効果的な発表順序を考えたり、内容を補ったりしながら、どうすれば伝わりやすいかも工夫する。そして、プランとして美しい文章を構築でき、人の心を動かす発表ができたとき、努力が評価されるばかりでなく、生徒自身の切なる願いでもある「生きる力と社会で活躍することができる揺るがない国語力」がしっかりと身につき、生徒自身も立論（プラン）の構築が、自分自身の将来の夢の構築であると学ぶのである。

以下の図のように、前回の自作評価カードに加えた今回のフローシートでは、発表者も視聴者も「正対」を見抜く力が加わったことを述べたい。

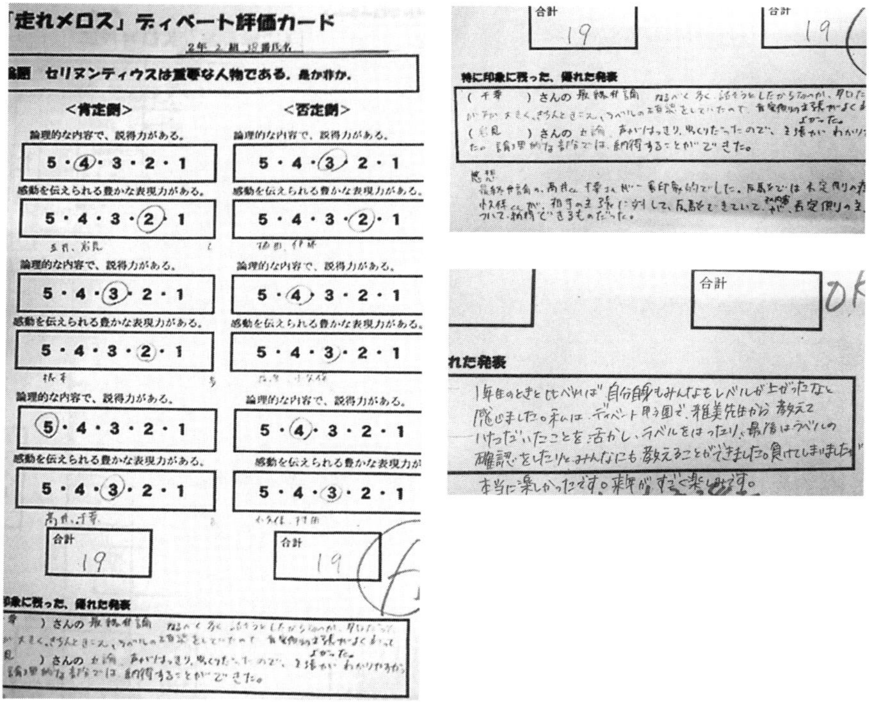

図2.8.2　ディベート評価カード

②課　題

教室ディベートの手法を用いたアクティブ・ラーニングが、生徒によって個人差はあるとしてもどの程度の有効性が各自に認められるかどうか、どの発達段階に有効なのかの検証が今後必要である。

また、達成感のうえでも、学力向上のうえでもその有効性は確かに認められており、10年間追跡調査をした結果、上級学校進学、社会人としてプレゼンテーションを行う場合も大変有効であった。しかし、勝敗を決することや、ディベート元年での事件により積極的に扱わない教科書もあるのが事実だ。その点をクリアしつつ、ディベート以外の対話型教材の開発も課題としたい。

コラム② アクティブ・ラーニングにつながる観察・発見の文法指導

中学校国語科における文法指導は、文法知識の習得をめざすがあまり知識注入型の授業に陥りがちである。これまでも「暗記中心の学習」「形式的な文例の学習」に陥っているなど問題点が指摘されてきたが、学習指導の現場では文法副読本を頼りに文法用語やその定義を与え、問題演習を通してその定着を図るといった形の授業が多くみられた。学習者の興味や疑問が考慮されることなく、一方的に文法知識が教え込まれるため、学習者が課題をもって主体的に学習に取り組む余地もない。「今日なおしばしば知識暗記主義的な文法教育が行われがちであり、生徒の文法嫌いを助長している」(1)という指摘は四半世紀も前になされたものだが、文法指導の実態を端的に言い表しており、現在でも通用する指摘だといえよう。

こうした状況を受けて、文法指導の改善はさまざまな形で提唱されてきたが、そのなかでも日本語学の立場から提唱された文法指導論は、学習者が主体的に文法にかかわる学習が展開できるとして注目される。たとえば、砂川（1991）は「日常何気なく使っている言葉が一定のきまりにしたがって用いられているものであることを、観察や反省を通じて発見させるということが文法指導の一つのあり方となる」として「発見を促す文法指導」を提唱している(2)。平成20年度学習指導要領にも「日常の言語活動を振り返り言葉のきまりに気づかせ、言語生活の向上に役立てることを重視する」と示されており、日常の言語使用を振り返りながら言葉のきまりに気づかせていくことが文法の学習指導において重視されていることがわかる。

これからの文法指導は暗記中心の知識注入型の指導から、観察・発見の過程を組み込んだ課題解決型の指導へと転換していくべきと考える。だが、残念ながら現場での実践はさほど広まっているとはいいがたい。そこで、本小論では筆者の実践(3)をあげながら「観察・発見の文法指導」の例を紹介していくこととする。

1．中1「文の区切り方を考えてみよう」

中学校で初めて体系的に学ぶ文法。文法学習に興味をもってもらうためにも、言葉遊びを取り入れながら文の区切り方について考える授業を行った。

まず、平仮名のみで書かれた曖昧な文を提示し、漢字を用いて書き換えるなどして、その解釈を考えさせる。

(1)ぼくはしる。(2)にわとりがいる。

学習者のなかには他者が思いつかない解釈を出そうと熱心に取り組み、いくつも文をつくる者が出てくる。

作業が終了したのを見計らってグループに分かれ、作成した文とその解釈をそれぞれ発表し、書き換えの方法と解釈の可能性を確認していく。そのうえで、グループの代表者に発表してもらい、学習者の気づきを教室で共有していった。

(1)① 僕、走る。② 僕は、知る。
　③ 僕は汁。④ 僕、歯、知る。
(2)① 二羽、鳥がいる。② 鶏がいる。
　③ 鶏が煎る。④ 庭盗りがいる。

意味の取りにくい文については、どのような意味の文か説明してもらう。

(1)③「自分はみそ汁が欲しい」という意味
　④「自分は口の中にある白い物が『歯』だと知っている」という意味
(2)③「鶏が何かを煎っている」という意味
　④「庭を盗む泥棒がいる」という意味

これらの説明を聞くと、学習者は文の区切り方と同音語の意味の特定に工夫を凝らしていることがわかる。そこで、斜線を入れて文を区切らせ、文の区切り方と解釈の関係に気づかせていく。

(1)① 僕／走る。② 僕は／知る。

(2)① 二羽／鳥が／いる。② 鶏が／いる。

発音の切れ目に着目して区切った者、意味のまとまりに着目して区切った者とさまざまだが、「だれが」「どうした」など疑問詞を指標にして区切ったという意見を採り上げ、上記の文に書き込んでいく。

(1)① 僕／走る。 ② 僕は／知る。
だれが どうする だれが どうする

(2)① 二羽／鳥が／いる。 ② 鶏が／いる。
どのくらい 何が どうする 何が どうする

ここまできたら、教科書の解説を参照させながら「文の成分」についてまとめていくことができる。斜線で区切られたまとまりはそれぞれ文を構成する要素で「文の成分」と呼ばれ、文の成分には「だれが」「何を」「どのように」など5W1Hに相当するものと「どうする」「どんなだ」「何だ」のように文を結ぶものがあることを説明していく。さらに、「文の成分」は文を構成する意味上のまとまりであり、発声上のまとまりである「文節」とは概念が異なることを説明していけば、「文節」との違いもおさえながら「文の成分」について理解を図ることもできる。以上をふまえて、各成分について学んでいけば、文の成分の学習指導をスムーズに展開していくことができる。

2．学習指導の段階性

観察・発見を組み込んだ文法指導といっても、その方法や展開はさまざまに考えられる。ただ、鈴野（2002）も指摘するように、初期の段階では方法論の理解を図るためにも、教師が学習者に問いを投げかけ、学習者がそれに答えることで課題が解決していくように学習指導を構築していくべきであろう。教師が主導する形で身近な言葉の観察・発見を可能にし、言葉のきまりを帰納的に見出す方法を理解させることができる。

学習者がある程度方法論を理解できたら、教師から新たな課題を提示したり、学習者自身に課題を設定させたりして、グループで課題解決型の学習を進めていく。この段階まで進められるようになれば、学習者自ら課題を設定してその解決に当たったり、課題の解決に向けて学習者が協働的に言語活動を進めたりと、文法を題材として主体的・協働的な学習指導が展開されるようになる。課題の解決に向けて学習者間で対話を行い、各自の考えを材料として検討・検証を行うことで、メタ言語能力の向上も期待できる。

以上、「観察・発見の文法指導」の例を紹介してきたが、学習者の主体的な学びを可能とし、段階を踏んで学習を展開していけば、対話的な深い学びも実現できる。その意味で、観察・発見の文法指導はアクティブ・ラーニングにつながる学習指導法だといえよう。

注

（1）『国語教育研究大辞典普及版』明治図書、p.774

（2）砂川有里子（1991）「文法指導から見た日本語教育と国語教育」『日本語学』第10巻第9号、pp.42-50

（3）本実践は安部（2001）の実践を再構成して行ったものである。安部朋世（2001）「授業「文法を考える」―「あいまいな文」と「文の不自然さ」の検討を中心に―」『日本語と日本文化』第33号、pp.39-52

（4）鈴野高志（2003）「生徒自身が言葉の法則を発見する授業」『教育科学国語教育』631号、明治図書 pp.77-79

1　国際バカロレアの視点を生かす国語科の文学の授業

単元名　生と死や生き方について考えることを通して、質問力を高める
「ハムレット」（教科書掲載外の学習材）
「梓弓」『伊勢物語』より（大修館書店『国語総合　古典編』）
「羅生門」（大修館書店『新編 国語総合』）

1．単元の目標

・意欲的に聞くことや考えようとしている。【関心・意欲・態度】
・的確な質問ができるよう、相手の話を聞いている。【話す・聞く能力】
・論理的に思考し、話したり聞いたりしている。【話す・聞く能力】
・基礎的・基本的な日本語の表現の特色を理解し発話している。【知識・理解】

2．単元観

①単元設定の理由

日本国内だけでなく世界で活躍できる人材、つまりグローバル人材が強く求められている。そこで、グローバル人材育成のために国際バカロレアプログラム（以下、IB）に着目した。世界の国々において、共通のカリキュラムを有しているすぐれたプログラムだからである。そのなかで、国語に相当する科目の枠組みを「Group1 : Studies in language and literature（以下、言語と文学）」という。

本実践は、グループ1にあたる「言語と文学」を想定しカリキュラムを開発し各単元を配置した、そのなかの一単元の実践である。なお、平成24年度に都立高等学校において実践したことを付け加えておく。

②学習材選定の理由

シェークスピアの作品は、イギリスでは必ず学習されている。本作品は、主人公ハムレットの復讐の話ではあるが、生死というトピックなどさまざまな観点から、学習できる作品である。また演劇に着目して多様な言語活動を取り入れた実践や、多数ある視聴覚教材などを活用し、読書をはじめ戯曲世界の広がりにつなげることもできる作品である。

「梓弓」「羅生門」も定番学習材としてよく取り上げられる作品であるため、学習者にとって身近な内容と考えられ、選定した。

③学習材の価値

「ハムレット」を中心として、「梓弓」と既習学習材である「羅生門」を、生と死や生き方をテーマとして比較して読み、主体的に意見や疑問を見つけ、「質問」を作成することを通して、「質問力」を身につけようという目的がある。その目的を十分にはたせる学習材である。

外国文学と日本文学の古典作品、近代文学作品を読み比べることによって、多角的な視点をもち、質問を考えることができる。また、それぞれに魅力があり、興味深い内容の作品であるという点が学習材としてすぐれている点である。

3．具体的な評価規準

関心・意欲・態度	話す・聞く能力	知識・理解
①必要なことを、間違いなく、過不足なく聞き取ろうとしている。 ②聞き取ったことをふまえ相手の考えを一層引き出すような質問をしようとしている。	①必要なことを、間違いなく、過不足なく聞き取っている。 ②聞き取ったことをふまえ相手の考えを一層引き出すような質問をしている。 ③テーマについてさまざまな角度から検討して、自分の考えをもっている。	①話すこと・聞くことに必要な語句・語彙・文・文章の使用方法や組立てについて理解している。

4．単元と評価の計画

次	生徒の学習内容	◇教師の指導・支援、●評価方法
1	①レディネステストの実施 ② 「To be or not to be、that is the question」の訳について考える ③「ハムレット」「羅生門」「梓弓」の内容の確認 ④予習（宿題）内容の確認	◇本単元では、生と死や生き方について考えることを通して、質問力を身につけていく旨を伝える。 ◇３作品を比較し、相違を確認する。 ●授業者からの、作品の概要説明を聞き取っている。（イ - ①）
2	①「理解を深める質問を考えよう」を目標として、以下の学習活動を行う ・現代語訳「梓弓」を読む ・同感（賛同）できる気持ち、状況、わかったことを記述する（図3.1.1　ワークシート１を使用） ・クラスで共有する	◇朗読を聞きながら、登場人物の心情、状況などについて同感できること、わかったこと納得できたことなどを考えるよう伝える。 ◇バズセッションを通して質問を考えさせ、ワーク・シートに記入させる。 ◇学習者の考えた質問を板書し、クラス

	・質問を考える ・クラスで共有する ・質疑応答 ②まとめとして、本単元の目標を再度確認する ③予習（宿題）内容の確認	で共有する。 ●共有を通して、深化した質問を考えることができる。（ア - ②）
3	①「雇用者、非雇用者の関係において、よりよい生き方を考える」をテーマとして、以下の学習活動を行う ・同じ意見同士で考えを共有する ・想定質問を考える ・質問の吟味をする ・違う意見同士で、考えを交流させ、質問を考える ②発表原稿作成 ③予習（宿題）の説明	◇いい質問を考えることが目標であると伝える。 ●同じ意見同士で、考えを共有している。またそれを活用しようとしている。（ア - ①） ●違う意見同士で、考えを相互交流している。（イ - ②） ◇次時の発表に向け、原稿を作成させる。１分の発表を想定し、200字前後で記述させる。
4	①発表に向けての練習 ②発表及び、質問作成（質問には答えなくてもよい） ③質問の吟味 ④総括的評価テストの実施	●相手の考えをふまえ自分の考えを構築し、発表に向けてまとめることができる。（イ - ③）

5．アクティブ・ラーニング（A. L.）を取り入れた授業デザイン

①アクティブ・ラーニングによって期待される学習効果

相互交流を必要とする対話的な活動により、自分一人では導くことのできない質問の観点や、深化した質問をすることができると考えられる。本単元では、そうした対話的な活動全般をアクティブ・ラーニングとして位置づけ、授業展開している。

IB においては、予習してきたことを共有する場が授業であるため、アクティブ・ラーニングの一側面である対話的な活動は欠かすことのできないものである。本単元においても対話的な活動を同様に捉え、授業展開に生かしている。

②単元のデザイン

本単元では、「質問力」に着目した。その理由は、ほかの単元にもすぐに活用できるとともにどんな相手とも円滑なコミュニケーションを図り、理解しあえる関係構築のための基礎が「質問する力」だと考えたからである。わからないことを適切に聞いたり根拠をもって答えたりすることが言語能力の基礎であると捉えた。

さらに本単元では、相手の話を傾聴する姿勢の育成も図ることを目的としたい。傾

聴することなく、本質に迫った質問や話題を広げるような示唆に富んだ質問はできない。したがって、本単元では「話す力」とともに「聞く力」の育成もめざしている。

③採用した学びの技法

・ペアで話し合う対話的学習活動
・質問の作成および質問自体の評価をする活動
・発表する活動
・発表を聞いて相手の考えを引き出す質問を考える活動
・意見や考えを書いたりまとめたりする活動
・KWL 表（図3.1.1　ワークシート）

④アクティブ・ラーニングを取り入れた本単元における評価

本単元では、以下にあげる２通りの評価を実施した。

（１）学習者の変容を客観的に評価する「質問力」を測るテスト

本実践を通した学習者の客観的な変容をみるため、診断的評価および総括的評価を行うためのテストを実施した。試験の内容は、短文を読み、適切な質問を考案するというものであり、同一の内容で行った。「相手の言葉を引用して質問する」や「選択肢を用紙して質問する」などの観点で評価（図3.1.2「質問」自体についての評価表を参照）し、実践前後の回答を比較してみると、相手を意識して内容を深めるような質問や、より具体的な内容を問う質問、新たな視点から問いかける質問などが見受けられるようになった。

（２）意識調査における自己評価

実践前後で、客観式回答と自由記述式回答による同一の意識調査を実施した。客観式回答では、「相手の質問に根拠を明確にして答えることができる」と肯定的に答えた学習者が67名中14名から28名へと２倍に増加した。自由記述式回答では、「どんなことに気をつけて質問するか」という問いに対して「わかりやすく、素直に話す」と回答していたが、「漠然としたことではなく、例をあげて質問する」などと回答が高度化したり、観点が変容したりした学習者もいた。

６．学習指導要領との関連

●現代文Ｂ

イ　文章を読んで、書き手の意図や、人物、情景、心情の描写などを的確に捉え、表現を味わうこと。

ウ　文章を読んで批評することを通して、人間、社会、自然などについて自分の考えを深めたり発展させたりすること。

●国語表現

イ　相手の立場や異なる考えを尊重して課題を解決するために、論拠の妥当性を判断しながら話し合うこと。
ウ　主張や感動などが効果的に伝わるように、論理の構成や描写の仕方などを工夫して書くこと。
オ　さまざまな表現についてその効果を吟味したり、書いた文章を互いに読み合って批評したりして、自分の表現や推敲に役立てるとともに、ものの見方、感じ方、考え方を豊かにすること。
※国語総合の教科書を使用しているが、IBのカリキュラム「言語と文学」を設定するにあたって、本単元をはじめすべての単元を、「現代文Ｂ」「古典Ｂ」「国語表現」の内容（指導事項）を想定するものとした。

7．A. L. を取り入れた場面の指導計画（全４時間、本時・２時間目）

①本時の目標

質問力を身につける。

②本時の展開

分	学習内容と学習活動 ○印：学習者の思考の流れ	教師の指導・支援と評価 ●印：評価（方法）
	Ⅰ　本時の目標、内容の確認 「理解を深める質問を考えよう」という目標の明示。	Ⅰ「質問力」を向上させる授業であると、目的を明確にする。
5分	○Ⅱ　現代語訳の朗読を聞きながら、登場人物の心情、状況などについて同感できること、わかったこと納得できたことなどを考える	Ⅱ　現代語訳「梓弓」を読む。
10分	○Ⅲ－ｉ　同感（賛同）できる気持ち、状況、わかったことを記述する（図3.1.1ワークシート１を使用）	Ⅲ－ｉ　個人で作業するように伝える。
	○Ⅲ－ⅱ　クラスで共有する	Ⅲ－ⅱ　学習者の意見を板書する。
25分	○Ⅳ－ｉ　質問を考える（バズセッションで行う）	●Ⅳ－ｉ　共有を通して、深化した質問を考えることができる。〔図3.1.3　参照〕（発言の内容、行動の観察）
	○Ⅳ－ⅱ　クラスで共有する	●Ⅳ－ⅱ　共有を通して、深化した質問を考えることができる。〔図3.1.3　参照〕（発言の内容、行動の観察）
	○Ⅴ　実際に質疑応答をする	Ⅴ　深まりそうな質問に対しては、授業者が支援を行い、対話を深めてい
	Ⅵ　本単元の目標を再度確認し、振り	

10分	返りをする	く。

8．成果と課題

①成　果

●「質問力を身につける」という目標を明示し、目標に向けた言語活動を取り上げることにより、ほかの単元にも有効に機能すると考えらえる言語能力の一端を身につけさせることができた（思考をアクティブにさせるためには、目標を明確にすることが大切だということがわかった。一方で、より思考に広がりをもたせるのであれば、目標を意図的に曖昧にすることなども考えられる）。

②課　題

●予習が前提の授業を展開するため、予習を必ず行う体制づくりをする（アクティブ・ラーニング的な活動は、どんな学習者にでも取り組ませることができるが、予習をする学習態度を身につけさせる、相手を個人的に攻撃するようなことは言わせないなど、取り組ませるための幅広い丁寧な指導を心がけたい）。

●主体的に質問を作成させるために、既有知識、既習事項の積み重ねを大切にする（主体的に取り組ませるのと同時に、何をどのようにすれば「質問」を見つけ出すことができるかなど、根本的な知識の習得、学習者の実態の把握などに努めたい）。

●開発した国語科カリキュラムに対応する評価について、指導と評価の一体が図れるように各単元に応じた評価方法の工夫に取り組む（本単元における評価は、ルーブリックをもとにした客観的な評価と自己評価で学習者の変容をみとったが、この評価方法が妥当かどうかも含め、アクティブ・ラーニングの評価方法を考えていきたい）。

③考察・感想

図3.1.2のとおり、実践後のほうが数値の増加がみられるが、「相手の意見や考えを踏まえて、会話できる」という項目のみ減少した。また、肯定的回答が２倍に増加したものの、実践後においても４割弱の回答にとどまっている。

学習活動としてのアクティブ・ラーニングがうまく機能した場面と、そうではない場面とがあるが、本実践を通して多くの課題がわかったということを大きな成果と捉えたい。次期学習指導要領の改訂に向けて、高等学校国語科における指導者側の意識改革が不可欠で、授業中に学習者の思考をアクティブにさせる手立てを講じる必要があると感じた。

参考文献

・「平成24年度東京都教員研究生カリキュラム開発研究報告書」（東京都教職員研修

センター、2013年）
・「国際バカロレア認定のための手引き」（文部科学省大臣官房国際課、2015年）

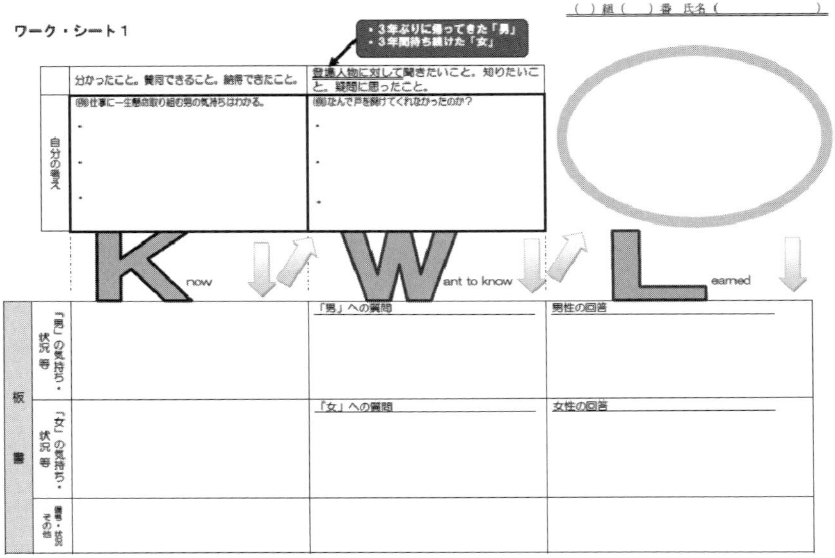

図3.1.1　ワークシート

学習者57名の回答	単元の実践前			単元の実践後		
	そう思う（計）			そう思う（計）		
		そう思う	どちらかというとそう思う		そう思う	どちらかというとそう思う
相手の意見と異なる点を、根拠を明確にして説明することができる	38〔43.9〕	9〔3.5〕	29〔40.4〕	40〔52.6〕	17〔5.3〕	23〔47.4〕
相手の意見や考えを踏まえて、会話ができる	42〔73.7〕	9〔15.8〕	33〔57.9〕	39〔68.4〕	9〔15.8〕	30〔52.6〕
分からないことや違うと思うことなどについて、自分が納得いくまで相手に質問できる	32〔56.1〕	15〔26.3〕	17〔29.8〕	33〔57.9〕	11〔19.3〕	22〔38.6〕
相手の質問に、根拠を明確にして答えることができる	14〔24.6〕	3〔5.3〕	11〔19.3〕	28〔49.1〕	4〔7.0〕	24〔42.1〕
自分には「質問する力」が身に付いていると思う	11〔19.3〕	2〔3.5〕	9〔15.8〕	22〔38.6〕	4〔7.0〕	18〔31.6〕

図3.1.2　客観式の意識調査（10項目中の５項目抜粋）
注：上段は人数、下段は％

評価規準	a基準　十分満足	b基準　おおむね満足	c基準　努力を要する
1．質問するために、どのような点に注意して話を聞くか			
相手が一番伝えたいことは何か（に注意して聞く）。	相手の一番伝えたいことを聞き取れている。	伝えたいことの的を外して聞いている。	何も考えずに、聞いている。
相手が質問に答えてくれそうな話題は何か（に注意して聞く）。	回答に配慮した質問を考えながら聞いている。	回答の意図が分からない質問を考えながら聞いている。	何も考えずに、聞いている。
記述量（文字数·質問数）	多い	普通	少
メモ	見やすいメモをとりながら聞いている。	見にくいメモをとりながら聞いている。	メモをとっていない。
2．どのような質問をしたらいいのか			
相手の一番伝えたいことに触れる。	相手の一番伝えたいことに触れている。	相手の話に触れている。	伝えたいことには触れていない。
このことを聞くと話が深まりそうだということを質問する。	話が深まる質問。	方向性は違うが、話が深まる質問。	方向性も違うし、話も深まらない質問。
相手の言葉を引用して質問する。	回答しやすいように相手の発話を引用した質問。	相手の発話を引用した質問。	引用はしているが、意図の伝わらない質問。
自分の考えとの共通点を探しながら質問する。	自分の興味・関心を満たしながら、相手の伝えたいことを引き出す質問。	自分の興味・関心にだけ照らした質問。	自分の興味・関心に関して話をしているが、答えにくい質問。
自分の考えの例を出して質問する。	相手の話に関わる自分の考えを出した上での質問。	相手の話とは関わりのない例を出しての質問。	例を出しているが、答えにくい質問。
具体的な答えを用意して質問する。	具体的な回答が想像でき、かつ深まりのある質問。	具体的な答えが用意されている質問。	具体的な回答しにくい質問。
選択肢を用意して質問する。	回答を配慮した選択肢のある質問。	選択肢を用意した質問。	的を外した選択肢の質問。
コメント（感想や意見）＋質問をする。	自分の感想・意見を述べた上で、それに関係した深まりのある質問。	感想や意見を述べた上での質問。	感想や意見に終わっている。

図3.1.3 「質問」自体についての評価表

2 国際バカロレアの学習手法を取り入れた小説「山椒魚」の授業―主体的に分析・解釈し、表現する力を育成する―

単元名　　主体的に寓話を読む
「山椒魚」（光村図書『国語２』）

１．単元の目標

・作品を主体的に解釈し、寓意や主題を考えている。【主体的に読む能力】
・さまざまな表現技法や文体の効果について分析している。【技法を分析する能力】
・他者との議論のなかで理解を深め、文学作品を読む楽しさを味わっている。【読す・聞く・他者と学び合う能力】
・作品の改稿に関する検討を通して、作品と作者、読者の関係を考えている。【文学そのものについて批判的に考える能力】
・作品に対する自分の分析や解釈を論評として書いている。【論理的に書く能力】

２．単元観

本単元は、国際バカロレアのディプロマ・プログラム（DP）言語Ａ「文学」の学習目標（国際バカロレア『言語Ａ：文学　指導の手引き』参照）をふまえ、文学作品を独自の視点で分析し、論評する力を身につけるという目標を前提としている。教師は一方的に解釈を示すのではなく、生徒が自分で技法や効果、主題などを分析・解釈し、論拠をもって説明することが求められる。したがって、授業は必然的に生徒中心でアクティブ・ラーニングになる。

対象生徒は、１年生の２学期後半を想定する。すでに「羅生門」や「夢十夜」、詩などを分析的に読み、作品設定や構成、言葉の象徴性や表現技法、構成や語り手の視点などを意識して読むことを学習している。

本単元の教材は、井伏鱒二「山椒魚」である。作品に込められた寓意や独特の文体、改稿の問題など、文学の魅力に多面的に迫ることが可能な作品である。擬人化された山椒魚の状況や、動物や事物の描写から、メタファー（隠喩）、さらに寓意や主題を読み取ることは、生徒にとって新たな読みの経験となる。文体の効果という側面からも、「山椒魚」は格好の教材といえる。悲嘆にくれる山椒魚は、作者独自の文体や文体の混合によって「ユーモラス」に描かれるが、文体の効果と主題との関連から作品世界に迫らせることが期待できる。また、作者が直接読者に語りかける、「語り手の顔出し」や、語り手と山椒魚との距離も検討させたい。

文学における「知識」についても考える機会にしたい。メタファーが技法として成立するとき、作者と読者の間で何が起こっているのか、なぜ異なる解釈が生じるのかを、経験から考えさせたい。さらに、いわゆる「改稿事件」として論議を呼んだ問題は、テクスト論、読者論など、文学そのものの営みを根本的に考える好材料と考える。作品末尾（蛙との「和解」の部分）を削除したことによって、読者に生まれた「読み」はどこにいくのか。テクストは誰のものなのか。こうしたとらえ方は、国際バカロレアディプロマ・プログラムにおいて、知るプロセスを探究し、批判的に思考する力を養う「ＴＯＫ：theory of knowledge（＝知の理論)」につながるものであり、生徒には自分たちの「読み」が改変によって変化する経験をふまえて議論をさせたい。教材は、副教材『大学生のための文学トレーニング』（三省堂）を用いた。

３．具体的な評価規準

関心･意欲･態度	話す・聞く能力	書く能力	読む能力	知識・理解
・主体的にテクストを分析し、解釈を試みている。 ・他者との意見交換や相互批評を通して、自分の読みを深めようとしている。 ・学問的誠実性を意識して論評を書いている。	・根拠を示しながら自分の解釈を論理的に説明している。 ・相手の言ったことを正確に理解し、相手の発言や考えを促すような聞き方ができている。	・テクストを引用しながら独自の文学批評を展開している。 ・論理的で一貫性のある詳細な論評を書いている。	・状況設定や擬人化された動物・事物から作品の寓意や主題を捉えている。 ・表現技法と効果を分析している。 ・文体の特徴や効果を分析し、味わっている。	・テクストの内容や言葉の意味を正確に理解している。 ・分析に必要な視点や技法を理解している。 ・テクストと作者、読者の関係について理解している。

４．単元と評価の計画

次	生徒の学習内容	教師の指導・支援、評価方法
1	・学習の目的と評価について確認する。 ・「山椒魚」を通読し、初読の感想と疑問点を共有する。 ・テクストの特徴を指摘し、構成を整理する。	・学習目的と評価規準を明示する。 ・生徒の疑問点を、テクストを分析する視点につなげられるよう助言する。 ・生徒の疑問点や気づきから学習の展開を調整し、生徒と学習計画を確認する。 〈評価方法〉観察・ワークシート
2	・状況設定や山椒魚を主人公とする意味	・山椒魚の形態を確認し、「山椒魚」で

	についてディスカッションする。 ・文体の特徴を指摘し、効果について意見を交換する。	ある必然性を考えさせる。 ・翻訳調や漢文調の文体を普通の文体に直したものと比較させる。 〈評価方法〉観察・ワークシート
3	・谷川の中の事物のメタファーについてグループでディスカッションをし、解釈を全体で検討する。 ・山椒魚の「人物像」や立場に対して考える。 ・メタファーを成立させる条件についてディスカッションし、考えを書く。	・テクストに基づいて解釈をするように助言する。 ・事物と山椒魚の立場を対比させ、メタファーの解釈が作品全体のなかで一貫性のあるものになるように助言する。 ・自分の経験や実感から、メタファーの条件や効果、限界について考えさせる。 〈評価方法〉観察・ワークシート
4	・「小えび」の役割について、グループディスカッション、プレゼンテーションをする。分析を記述する。 ・山椒魚の心情、「語り手の顔出し」について、ディスカッションをし、全体で共有する。	・小えびの役割を、山椒魚との対比と作品全体の構成においてとらえさせる。 ・ホワイトボードを用いてプレゼンテーションし、相互に解釈の妥当性について質疑をさせる。 ・語り手と山椒魚との距離、語り口（文体）の効果を検討させる。 〈評価方法〉観察・プレゼンテーション・質疑・ワークシート
5	・山椒魚と蛙のやりとりの意味、最後の場面の山椒魚の心理を考える。 ・蛙の役割についてディスカッションする。 ・寓意と主題について話し合う。	・ほかの動物との役割の違いについて考えさせる。 ・改稿前のテクストに対する自分の「読み」を意識させる。 〈評価方法〉観察・ワークシート
6	・改稿前と改稿後のテクストを比較し、作品の解釈の違いについて話し合う。 ・テクストと作者と読者の関係についてディスカッションし、考えを書く。 ・論評を書く観点を確認する。	・改稿によって自分の「読み」がどのように変化するかを意識させる。 ・作者と改稿の変遷を紹介する。改稿を巡る当時の議論などの資料を提示する。 ・論評の評価規準を示し、論評を書くポイントとして学習を振り返らせる。 〈評価方法〉観察・ディスカッション・ワークシート
	（課題）論評を書く（1500字）	
7	・論評を相互に批評し、改善点を検討する。 ・学習全体の振り返りをする。	・評価規準を参考に、論評で求められる要素をマーカーなどで確認させる。 ・優れている点と改善できる点をあげさ

		せ、建設的な批評をさせる。 ・単元を通して学んだことを振り返らせる。 〈評価方法〉・観察・ディスカッション

5．アクティブ・ラーニング（A．L．）を取り入れた授業デザイン

①アクティブ・ラーニングによって期待される学習効果

国際バカロレアでは、教師は、知識を教え込む「教授者」ではなく、生徒の学びを促す「ファシリテーター」という位置づけが明確にされている。教師も一人の読者としてテクストに向き合いながら、生徒の解釈や相互作用に注意深く反応し、柔軟に学習を進めていく。

本単元では、ディスカッションを基本に展開し、双方向的な学び合いによって新たな視点や異なる解釈を得、「読み」を発展させる。同時に、解釈の妥当性を議論し、吟味することによって、テクストに基づいて論理的に解釈することや、相手への伝え方を学ぶことができる。また、議論を通して、異なる文化的背景や経験、考えをもつ他者とともに「読み」を形成し、文学について考えを深めていくことの大切さと楽しみを知ることが期待できる。

評価は、単元の最初に目標と内容、評価の方法と規準を明示する。この評価規準は、それぞれの学習で一貫しており、生徒が身につけるスキルを認識し、ほかの作品での学習に応用することが期待できる。そのためにも、授業の過程と最後に振り返りをさせ、何をどのように学んだか、学びをメタ的に捉えさせることが重要になる。

②単元のデザイン

本単元では、生徒がこれまでの学習で得たスキルを応用し、主体的にテクストを分析しながら読むことで自信をつけると同時に、文学作品を読むための新しいアプローチの観点や、文学に対する見方を身につけることをねらいとしている。とくに、①メタファーや寓意を自分で解釈し、その解釈の妥当性を論理的に説明すること、②文体の特徴と効果を分析し、主題との関連において説明すること、③「改稿問題」から作品と作者、読者との関係、「読み」とは何かについて考えること、が、「山椒魚」という教材では可能である。

生徒はさまざまな観点から得た自分の「読み」を、最後に、「論評（コメンタリー）」として書く。論評では、一貫した、論理的構成をもった文章で独自の解釈を展開することが求められる。論評を書くことでこれまでの「読み」を統合し、総括することになる。また、論評をクラスメイトと批評しあうことで、内容はもちろん、表現の仕方やどのように考えを再構成するのかを相互に学び合う。

③採用した学びの技法

本単元では、ペアワーク、グループディスカッション、全体でのディスカッションなど、基本的にディスカッションを中心に展開する。ディスカッションを始める際は、内容と方法を明確に指示する。教師はファシリテーターとして、テクストを根拠に解釈するように促し、生徒のアイデアに対して肯定的なメッセージを返しながら、「なぜそういえるのか」を徹底して切り返していく。

発表の際は、適切なことばで論理的に説明することを意識させる。とくに、付箋などを用いて単語や箇条書きでアイデアを出し合った場合や、図で議論した場合は、構成や文末表現を意識して説明をするように促す。発表は口頭での意見交換が中心だが、ホワイトボードやパワーポイントなども適宜利用させる。

ワークシートは、学習目標と内容を明確にし、生徒がディスカッション前に自分で考え、言語表現するための予習課題シートと、学習を振り返って整理するための振り返りシートがある。振り返りシートは、ディスカッション後にどのように考えが変化したか、何を学んだか、などメタ的に学習を振り返るために活用する。

また、論評のためのアイデアノートを個別につくらせる。自分の思考の跡や選んだ言葉を意識させ、テーマや内容、構成を整理し、明確化させることをねらいとする。

6．学習指導要領との関連

●国語総合

A 話すこと・聞くこと

（1）次の事項について指導する。

ア　話題についてさまざまな角度から検討して自分の考えをもち、根拠を明確にするなど論理の構成や展開を工夫して意見を述べること。

イ　目的や場に応じて、効果的に話したり的確に聞き取ったりすること。

ウ　課題を解決したり考えを深めたりするために、相手の立場や考えを尊重し、表現の仕方や進行の仕方などを工夫して話し合うこと。

エ　話したり聞いたり話し合ったりしたことの内容や表現の仕方について自己評価や相互評価を行い、自分の話し方や言葉遣いに役立てるとともに、ものの見方、感じ方、考え方を豊かにすること。

B 書くこと

イ　論理の構成や展開を工夫し、論拠に基づいて自分の考えを文章にまとめること。

ウ　対象を的確に説明したり描写したりするなど、適切な表現の仕方を考えて書くこと。

エ　すぐれた表現に接してその条件を考えたり、書いた文章について自己評価や相互評価を行ったりして、自分の表現に役立てるとともに、ものの見方、感じ方、考え方を豊かにすること。

C 読むこと

ア　文章の内容や形態に応じた表現の特色に注意して読むこと。

イ　文章の内容を叙述に即して的確に読み取ったり、必要に応じて要約や詳述をしたりすること。

ウ　文章に描かれた人物、情景、心情などを表現に即して読み味わうこと。

エ　文章の構成や展開を確かめ、内容や表現の仕方について評価したり、書き手の意図をとらえたりすること。

7．A．L．を取り入れた場面の指導計画（全7時間　本時・2時間目）

①本時の目標

・川の中の事物は何のメタファーとして表現されているのか、それらに対する山椒魚の立場はどのようであるか、テクストの表現を引用しながら論理的に説明をする。

・メタファーを自分がどのように解釈し、他者とどのように共有しうるのかを考えることを通して、文学の技法としてメタファーが成立する条件について考えを深める。

②本時の展開

分	学習内容と学習活動 ○印：学習者の思考の流れ	教師の指導・支援と評価 ●印：評価（方法）
3分	・本時の目標と学習内容を確認する。 ○山椒魚の置かれた状況は。	・川の中の事物のメタファーを考えることを示す。テクストを根拠に考えることを確認する。
17分 10分	・第二段落で描かれる事物が何の比喩になっているか、グループに分かれてディスカッションする。〈杉苔・銭苔・黴・藻・目高・花びら、川の流れなど〉 ○それぞれの言葉のもつイメージから、メタファーを考える。 ○自分の解釈の根拠がテクストのなかに明確にあるか。適切な言葉で表現できているか。 ○ほかの人の解釈は、論理的で妥当性があるか。テクストに根拠はあるか。 ・グループ・プレゼンテーション ・メタファーの解釈を論理的に話す。発表の補足や、質問を適宜出す。	・机間巡視し、想像に走りすぎることなく、「なぜそういえるのか」と問い、論理的な説明できるように促す。 ●ディスカッション（観察）　テクストを引きながら自分の解釈を述べているか。／自分の考えを的確に相手に伝えられるか。／相手の言ったことを正確に理解し、相手の発言や考えを促すような聞き方ができるか。） ・目高は現実社会ではどのような立場のメタファーかとなっているか。「不自由千万」といった山椒魚自身についても考えさせる。＊当時の作者の状況については、あとで調べることを予告する。

10分	○…について、…と解釈できる。なぜなら、本文に…という表現があり、…は…を表すと考えられる。 ○山椒魚は、…に対して…という感情を抱いている。なぜなら、本文に…という表現があるからである。山椒魚の状況を考慮し、対比させると、山椒魚の…がうかがえる。 ○川の中全体は、…を表していると考えられる、なぜなら、…であり、その中で山椒魚は…という立ち位置を取っている。 ・「小さな窓からのぞき見するほど、常に多くのものを見ることはできない」ことに対する自分の意見を述べる。 ○山椒魚の状況は本当に多くのものを見ることができるのか。 ○山椒魚と同じ状況は現実社会ではどのようなものがあるか。 ・メタファーについて考える ○自分が…を…と解釈したのは、…だからだ。 ○ほかの人がメタファーを自分と異なるように解釈したり、自分がほかの人のメタファーに共感できなかったりするのは、…だからだ。 ○メタファーが成立する条件は、…である。翻訳作品において、メタファーの有効性は…である。	・段落全体で、事物の描写は何を表しているか、それらに対する山椒魚の感情を意識させる。 ●プレゼンテーション（観察）　論拠を示しながら論理的に説明できるか。／単に事物のイメージからの解釈ではなく、二段落を全体的な視点で捉え、解釈を位置づけることができるか。／山椒魚との関係において、メタファーを捉え、説明することができるか。 ・語り手の視点（山椒魚との距離）を意識させる。 ・直前の「ほの暗い場所から明るい場所をのぞき見する」も参考にさせる。 ・山椒魚のおかれた状況を考えさせる。 ・前時で学習した「グロテスク」「鈍い」などの山椒魚のイメージも考慮させる。 ●ディスカッション（観察）　山椒魚の置かれた状況に相応する現実社会の例は適切か。／例と「小さな窓から…」は対応しているか。） ・生徒が自分のメタファーをどのように解釈したのか説明させる。 ・他者のメタファーに共感、共感しない場合、なぜそれが起こるのか、実体験から考えさせる。 ●ワークシート（課題）（メタファーを成立させる条件、メタファーの効果について具体例を示しながら論理的に説明できるか。）
5分	・本時の学習で学んだことを確認する。 ○メタファーを考えるときの手がかりは。 ○本段落の作品全体の位置づけは。 ・次回の学習のテーマと方法を確認する。	・生徒に口頭で学習の振り返りをさせる。 ・第二段落全体の作品内での位置づけを確認する。 ・次の学習について予告・指示する。

8．成果と課題

①成　果

・メタファーの主体的な解釈と妥当性の検証…生徒は熱心に取り組み、独創的かつ説得力のある解釈を提示した。授業で取り上げた箇所は、個々の事物を自由に解釈することで収拾がつかなくなることが危惧されたが、ディスカッションの前に、「テクストを根拠とする」「山椒魚と対比させる」「全体の解釈のなかで位置づける」ことを確認したことにより、生徒同士で、解釈の妥当性を検討し、修正したり深めたりしながら「読み」を構築していくことができた。全体での共有では、全員が積極的に発言し、根拠をあげながら論理的に述べていた。別の段落の表現を引用して作品全体の展開のなかで解釈を位置づけようとする意識も見られた。

・口頭発表における論理性と評価…事前に「メタファーをどう捉え、その根拠はなぜそういえるのかを示すように」、という助言を与えたが、生徒はワークシートを意識しながら、そのリクエストによく応えていた。たとえば、「藻の花は成功者のメタファーである」とあげたあと、「なぜなら…」と、「花」の象徴性やほかの事物との比較から根拠を簡潔に述べ、さらに長い茎や、花を咲かせた後成長しないことなど、テクストの細かな描写を根拠に解釈を展開した。また、「大段落二全体でどういう意味を持つのかを考慮するように」というリクエストには、ほかの生徒が指摘した、苔や藻、目高、花びらなどを総括するものとして川の中を「世間や社会」ととらえたり、山椒魚の「人物像」や主題を浮かび上がらせるものとして段落の意味をとらえたりする意見があがった。

・メタファーに関する「知識」の認識…メタファーについて、テクストから学んだことと、自分の経験とを結び付け、メタファーの成立には文化や経験が影響すること、テクストと読者、読者間でメタファーを共有するには、その文化や経験の共有が前提になることを理解することができた。

②課　題

・小説の解釈の妥当性…本単元では、テクストを根拠に読むこと、一貫した論理的な説明をすることを条件にし、生徒同士が吟味し合うことで、「自己の読み」が拡散しすぎることなく、妥当性をある程度保証したと考える。しかし、これはＤＰの指導目的と評価規準の「自己の読み」の扱いを基本としたものであり、解釈の妥当性を、どこまでどのように保証していくのか、という根本的な問題に明確な答えを出し得ているわけではない。また、ファシリテーターとして教師がどのように生徒の「読み」に介入し、妥当性を判断するのか、という問題も今後の重要な課題である。

・教師のファシリテーション…本時では、学習内容の整理がうまくできない生徒のサポートを考慮し、生徒の発言を教師がホワイトボードに書き留めていった。ファシリテーションの方法は、学習内容やその時の生徒の状態によって臨機応変に対応しているが、個々の生徒の学習が定着し、より効果的なファシリテーションの仕方を検討する必要がある。

・時間配分…アクティブ・ラーニングで生徒中心の学習にする限り、生徒の意欲や学習の流れを判断して、柔軟に対応することが不可欠である。しかし、同時に授業時間には制限もあるため、生徒にとって学習が深まるような授業デザインと進め方について今後も検討が必要である。

参考文献

国際バカロレア機構「Language A: literature guide」2013年

国際バカロレア機構「言語Ａ：文学　指導の手引き」2014年

山根龍一「テクストは誰のもの？」『大学生のための文学トレーニング 近代編』三省堂、2012年、pp.174-185

《参考資料》

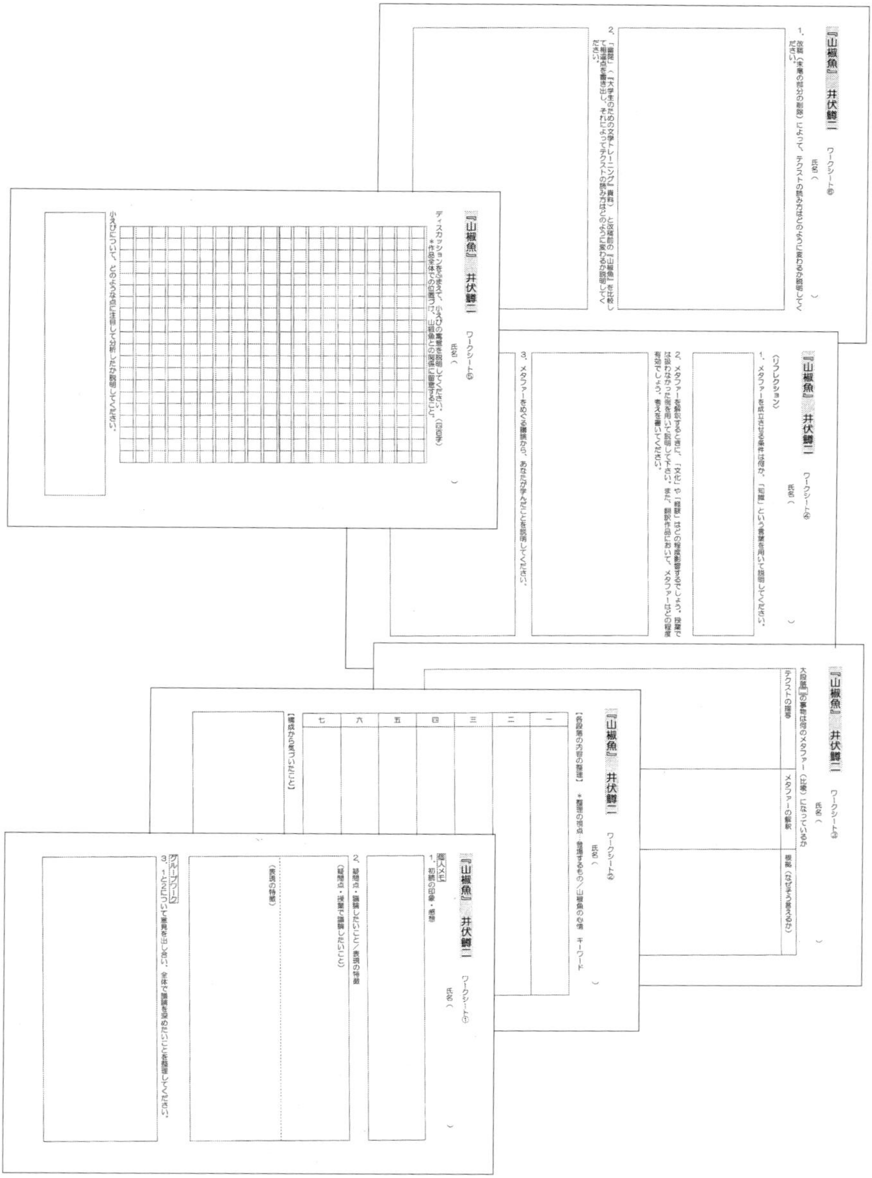

図3.1.1　ワークシート

3 資料を活用し、対話を取り入れた「土佐日記」の授業

単元名　日記文学の特質やおもしろさを理解しよう
「土佐日記」（第一学習社『国語総合』）

1．単元の目標

・対話を通して、相互の考えを比較・吟味し、よりよい解を導き出そうとしている。【関心・意識・態度】
・古典や現代に現れた第三者に仮託することについて、仮託した意図や時代による意図の違いをさまざまな角度から検討して自分の考えをもち、根拠を明確にして意見を述べている。【話す・聞く能力】
・導き出した解をもとに、現代について考察を深めている。【知識・理解】

2．単元観

・配布資料　資料①　「伊勢物語（107段）」　資料②　百人一首「来ぬ人を」
　　　　　　資料③　太宰治「女生徒」　　　資料④　現代の歌（歌詞）
・教材選定の理由

前単元までは、「伊勢物語」といった物語を読むことを中心に学習した。今単元では、日記文学を読むことで、物語とは違った特質やおもしろさを理解することを目的としている。また、古典の教材の扱いについて、「高等学校学習指導要領解説国語編」では、「指導においては、古典の原文のみを取り上げるのではなく教材にも工夫を凝らしながら、古人のものの見方、感じ方、考え方に触れ、それを広げたり深めたりする授業を実践し、まず、古典を学ぶ意義を認識させ、古典に対する興味・関心を広げ、古典を読む意欲を高めることを重視する必要がある」とある。生徒の多くは、古典に苦手意識はないが、現代とは違った文章であるとの認識が強い。「土佐日記」はその冒頭文から、他者への仮託という特徴があり、古典に対する生徒の興味・関心を引く教材として適していると考える。

3．具体的な評価規準

関心・意欲・態度	話す・聞く能力	知識・理解
・グループでの話し合い活動に積極的に参加しよう	・情報や知識を共有していない相手に、自分の情報	・第三者（他者）として文章を書くことについて考

としている。 ・お互いの意見を比較しながら、よりよい解を見つけようとしている。	をわかりやすく伝えている。 ・相手の話に関心を示し、メモを取りながら聞いている。	えている。 ・古代と現代における、仮託することの違いについて考えをめぐらせている。

4．単元と評価の計画

次	生徒の学習内容	教師の指導・支援、評価方法
1	・「土佐日記」の「門出」を読み、第三者に仮託した文章であることを学ぶ。 ・各グループに配付された資料をもとに、第三者に仮託する（他者になる）とはどういうことかを各自で考える。	・第三者に仮託した作品を読み、仮託した意図を個人で考える〈記述の確認（プリント）〉 ・第三者（他者）として文章を書くことについて考えている。 〈記述の確認（ノート）〉
2	〔エキスパート活動〕 ・前次での考察をもとに、第三者（他者）になることの作者の意図をグループで意見交換する。 〔ジグソー活動〕 ・グループで話し合った意見を別のグループの生徒に説明し、内容を共有する。 ・共有した内容をもとに第三者に仮託することの意図を、対話を通して導き出す。 ・各グループ活動を振り返る。	・お互いの意見を比較しながら、よりよい解を見つけようとしている。 〈行動の観察、記述の分析（ワークシート）〉 ・情報や知識を共有していない相手に、自分の情報をわかりやすく伝えている。 〈行動の観察、記述の分析（ワークシート）〉 ・相手の話に関心を示し、メモを取りながら聞いている。 〈行動の観察、記述の分析（ワークシート）〉
3	〔振り返り〕 ・前次の活動をもとにグループの発表を行う。 ・ほかのグループの発表内容を受けて、自己のグループの振り返りを行う。 ・新たな考えや意見を発表し、その内容について比較する。	・古代と現代の仮託することの違いについて考えをめぐらせている。 〈行動の観察、記述の分析（ワークシート）〉 ・グループでの話し合い活動に積極的に参加している。 〈行動の観察〉

5．アクティブ・ラーニング（A. L.）を取り入れた授業デザイン

①アクティブ・ラーニングによって期待される学習効果

「教育課程の編成に関する基礎的研究報告書5　社会の変化に対応する資質や能力を育成する教育課程編成の基本原理」（国立教育政策研究所　平成25年３月）では、新しい時代を生き抜く力を「21世紀型能力」と名付けて提案している。研究員(1)では、「21世紀型能力」を育成する指導のあり方について研究することが課題であると捉え、アクティブ・ラーニングを取り入れた、「主体的・共同的な学習の在り方」の研究を行った。期待した学習効果は、以下の二つである。

○相互の意見交換を行い、よりよい解を求めて合意形成する学習活動を行うことで、対話する力を身につけることができる。

○自己の思考を振り返り、評価する学習活動を行うことで、新たな課題を発見する力を身につけることができる。

②単元のデザイン

アクティブ・ラーニングと聞くと、特別な教材を用意しなくては実践できなかったり、生徒の学力に左右されたりといったイメージがある。研究員として、特別な教材を用いることなく、教科書に採択されている教材を用いて、どんな学力層の学校でも、同じようにアクティブ・ラーニングの授業ができるようめざした。そこで『土佐日記』のもつ「第三者への仮託」という特徴から、古文への興味・関心を引き出し、また他作品との比較や意見交換によって、よりよい解を導き、対話する力と新たな課題を発見する力を身につけることをめざした。

③採用した学びの技法

対話する力を育むために、対話を人工的に生み出す知識構成型ジグソー法を用い、情報差のある者がグループを構成して課題解決を行う指導計画を立てた。学習課題を解決するために必要な、古人や現代人のものの見方、感じ方、考え方が書かれた数種類の資料を授業者が準備し、４～５人の小グループに分かれ、各グループ１種類の資料から読み取れることについて話し合うエキスパート活動を行ったあとに、ジグソー活動を行う。ジグソー活動では、それぞれの学習者がエキスパート活動で話し合った内容を伝え合い、学習課題に対するよりよい解について話し合う学習を行った。

その後、クロストークとして各グループの意見発表を行った。

6．学習指導要領との関連

●国語総合「話すこと・聞くこと」

「エ　話したり聞いたり話し合ったりしたことの内容や表現の仕方について自己評価や相互評価を行い、自分の話し方や言葉遣いに役立てるとともに、ものの見方、感

じ方、考え方を豊かにすること。」

7．A. L. を取り入れた場面の指導計画（全3時間　本時・2時間目）

①本時の目標

・グループで話し合い、考えを比較・吟味する。
・第三者に仮託して書くことに関する作者の意図を意見交換から推察する。

②本時の展開

時間	学習内容と学習活動	教師の指導・支援と評価 ●評価（方法）
5分	・本時の学習の目標と流れを理解する。	・評価指標を配布し、学習の到達目標を確認させる。
15分	〔エキスパート活動〕 ・グループ別に着席する。 ・配布された資料ごとに、「第三者に仮託する意図」について話し合い、考えを深める。	・次のジグソー活動におけるエキスパート活動の意義を生徒一人ひとりに意識させる。 ●ア〈行動の観察、記述の分析（ワークシート)〉 ●イ〈行動の観察、記述の分析（ワークシート)〉
24分	〔ジグソー活動〕 ・グループ替えを行う。 ・それぞれ異なる資料でエキスパート活動を行った生徒同士がグループを構成し、資料の説明を行う。 ・「第三者に仮託する意図」について話し合い、考えをまとめる。 ・発表	・新グループのメンバーは前グループの意見を知らないことを意識するよう促す。 ・幅広く活動の成果を共有できるよう留意する。 ●ア〈行動の観察、記述の分析（ワークシート)〉 ●イ〈行動の観察、記述の分析（ワークシート)〉
6分	・振り返りシートで、自己の取り組みや達成度を自己評価する。	

8．成果と課題

①成　果

●エキスパート活動からジグソー活動について
「第三者に仮託する意図」について、授業終盤で行ったワークシートの記述をみると、「自分では言えないことを、第三者になることで伝えたかったから」「自分とは違う視点に立って、客観的に物事を書くことで、多くの共感を得ることができると考えたから」など、書き手と語り手を切り離すことで、創作の幅が広がることにふれているものが多かった。

●自己評価について

ワークシートとは別に、評価指標だけを載せたプリントを用意した。これを授業の導入時に確認し、学習の見通しをもたせるとともに、学習の最後に自己評価を行った。自己評価ではすべての項目で半数以上がA評価で、B評価と合わせると9割以上に上る。今回は、事前に評価指標を示すとともに、生徒と教員が目標を共有できるよう、指標の意味を説明し、理解させてから学習活動を始めたことにより、生徒が自身の行動や考え方に対して具体的に見通しをもって行動できたものと思われる。またこのことから、「よりよい解を求めて合意を図る学習活動を行うことで、対話する力を身に付ける」ことについて、一定の成果をうかがい知ることができると考える。

●次時以降の学習活動について

1　振り返りⅠ

第3次では、クロストークに当たる各グループの発表後、アンケート用紙を用いてグループ活動全体の振り返りを行った。

2　アンケート調査Ⅰ

(ア)「聞くこと」「話すこと」の変化と話し合いの成果

グループ内における話し合いに関する項目では、いずれもやや肯定的な意見が半数を超え、肯定意見をあわせると8割以上に達した。多くの生徒が、今回の学習活動に対して充実感を感じている様子がうかがえる。このように合意を図る学習活動を行ったことで、生徒の対話する力の向上に一定以上の効果があったと考えられる。

(イ) 新たな課題の発見（1回目）

しかしながらアンケートにおいて、「話し合う中で、新しく抱いた疑問やもっと知りたいと思ったことはあったか」という項目については否定的な回答が7割以上を占めた。意見記述から、「課題設定が難しく意見をまとめることに終始してしまった」「答えのないものに対して話合いから意見をまとめることへの不安」などがみられ、オープンエンドな問いに不慣れであるため、活動そのものをしっかり行うことが目的化し、その先へ意識を向けることができていない様子がうかがえる。話し合い活動が充実することと、課題意識の向上は直接つながるわけではなく、さらなる思考活動を行うことが必要であるものと思われる。

3　振り返りⅡ

そこで、各グループの発表後、それらの発表内容をふまえ、改めて「当時と現代の仮託することの違い」について考えるよう促し、グループでの意見の交流・発表を行うという工夫をした。

4　アンケート調査Ⅱ

（ア）新たな課題の発見（2回目）

各グループの2度目の発表後、自己のグループの意見に対する振り返りを行わせた。その際、どのグループの意見のどの点に共感できたかなどを考えさせ、新たな疑問が生じたかどうかの点の絞って振り返りを行った。その結果、1回目の質問時とは異なり、新たな疑問が生まれたという肯定的な回答が8割まで上がるという結果となった。

今回のような課題の場合、各グループの意見に差が現れにくい。そのため、単純に発表（クロストーク）を行い、各自で振り返りを行っても、課題意識を高めるには至らない。今回は、教員が別の問いを発して、再び対話を行い、発表と発表に対する評価の両方を行ったことにより、それまで漠然としていた疑問が明確なものとなったのではないかと思われる。このように単元の終わりに振り返りを行う際、自己評価や他者評価をすることで、自己の意見を理解・整理することができ、より高次な、新たな課題を見つけようとする力を身につけさせることができるものと考える。

②課　題

1　課題の難易度について

今回の研究における授業が、「第三者への仮託」という生徒にとっては聞き慣れないことに関する課題であったため、難解に感じた生徒が少なくなかったようである。課題設定の際の用語の選択として、「第三者になりきる（または演じる）」や「第三者へのなりすまし」など、生徒の実態に合わせてわかりやすい言葉にするなどの工夫が必要であると感じた。そうすることで、より多くの意見を引き出し、活発な対話が期待できただろう。テーマ設定のさらなる研究が今後の課題である。

2　質問する力

振り返りアンケートに記入された生徒の自由記述を見ると、「自分の説明に相手が納得しているかどうか不安であった」ということから、対話が一方的になってしまったと思われるものが散見された。

対話は、聞き手と話し手の双方向のコミュニケーションである。今回は、話すことと聞くことのつながりを生徒自身に気づかせるまでには至らなかった。自分が知りたいこと、理解したいことを明確にし、相手がもっと話したくなるよう聞くことが、対話を深めていくことにつながる。今後は相手の話す力を引き出すための「質問する力」を高める取り組みを行うことが必要であると感じた。その力がつくことで対話が活性化し、新たな課題を発見する力が身についていくと考える。

注

（1）本実践は、平成27年度東京都教育研究員高等学校国語部会の研究員として、8名の研究員による研究実践のなかで、筆者が実践した授業の紹介である。

参考資料

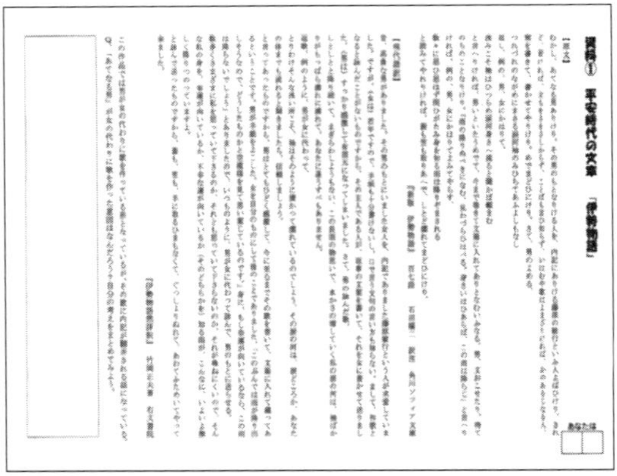
資料① 平安時代の文章 「伊勢物語」
あなたは

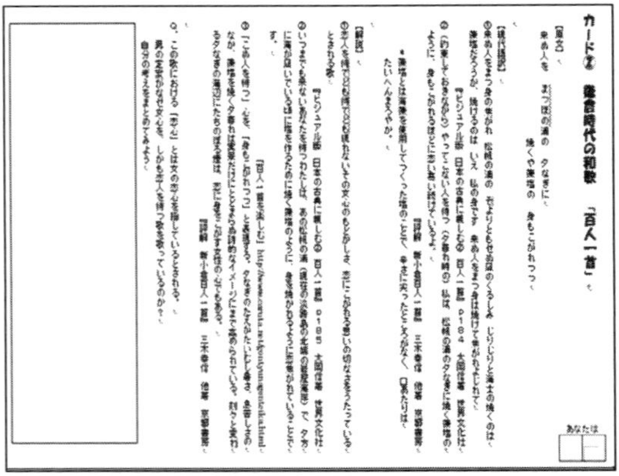
カード② 鎌倉時代の和歌 「百人一首」
来ぬ人を まつほの浦の 夕なぎに 焼くや藻塩の 身もこがれつつ
あなたは

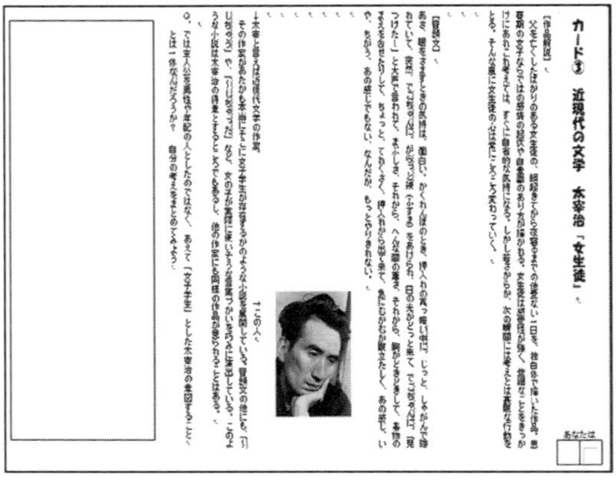
カード③ 近現代の文学 太宰治「女生徒」
あなたは

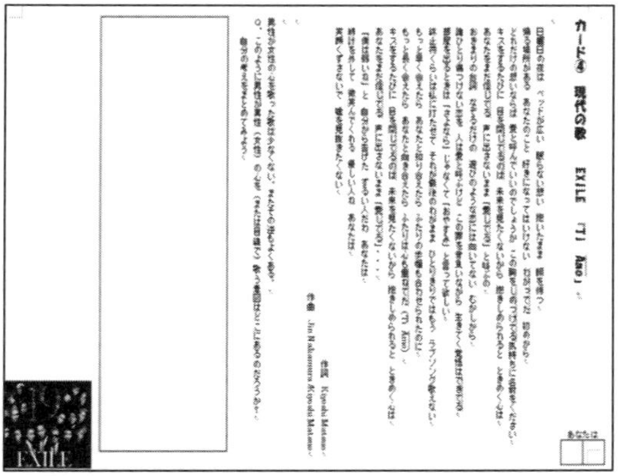

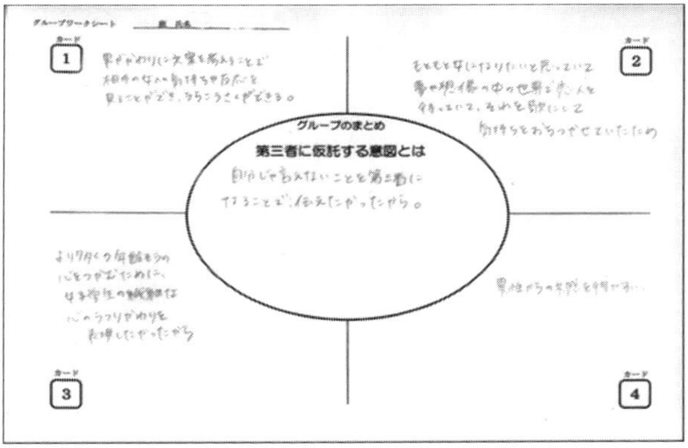

国語総合《振り返りシート》	組　　番　氏名	日にち《　　月　　日（　　）》

それぞれの項目について、到達できたと思うものに○をつけなさい。

分類	到達度	項目
聞く	A	互いの考えの相違点や共通点を確認するために質問をしながら聞くことができた
	B	相手の発言の大事な部分について、メモをとりながら聞くことができた
	C	相手が話しやすいように、関心を示して、積極的に聞くことができた
話す	A	相手の反応に合わせて、使う言葉、話すスピードなどを考え、わかりやすく伝えることができた
	B	相手の知らない情報の要点を、わかりやすく伝えることができた
	C	メモをもとに、相手に伝えるべき情報を伝えることができた
話し合う	A	お互いに考えたことを比較対照することで、自分の考えを深め、新たな関心を持った
	B	他の人の考えに触れることで、自分では気付かなかったことに気付けた。
	C	お互いの考えの相違点または共通点がわかった

○振り返りの感想（うまくいったこと、いかなかったこと・いいなと思ったこと・次に意識したいこと・・・等）

4 誰にでも活用できる「見える化」による「羅生門」の「話す･聞く」の授業—タブレット端末の活用を視野に入れて—

単元名　　表現活動によって、文学作品を読み深める
「羅生門」（大修館書店『精選国語総合　現代文編』）

1．単元の目標

・文学作品について、主体的に解釈した探究のプロセスと、そこで見いだした作品テーマについて、スライドを用いたプレゼンテーションによって互いに共有し、ディスカッションによって考察を深めあっている。【話す・聞く能力】
・〔発展的活動〕プレゼンテーションとディスカッションによって深めた考察をフィードバックし、各自の探究のプロセスと作品テーマを論文形式に構成して書いている。【書く能力】

2．単元観

文学作品を教材として学習するなかで、将来的に生徒が自ら文学作品を探究的に読み、深い気づきとともに味わい楽しめる力「主体的に読む力」を身につけていくことが大切である。それには、授業のなかで文学作品を探究的に解釈して作品テーマに迫ることを経験し、段階的、継続的に文学作品へのアプローチ方法を身につけるとともに、その「主体的に読む」楽しさを実感していく必要がある。また、探究的な「読み」を土台に他者と「話す・聞く」活動を行うことで、自らの読みを客観的に整理する論理的思考、思考の深まりや発想の広がりといった創発的思考などが生み出される。よりよく伝わるように話そうとするなかで論理的に意見を組み立てようとする、組み立てるなかで新たな気づきを得る、他者との意見交換で両者に新たな発想が生まれる、というように、「話す・聞く」力、つまり表現する力は、思考する力に密接にかかわっているのである。そこで、「話す・聞く」能力の伸長を中心的なねらいに据え、探究的に読む力、論理的に考える力などの複合的な能力をも高めることを意図し、本単元を設定した。

ここで教材とした「羅生門」は高等学校１年の定番教材である。この作品は、ストーリーや舞台設定、表現などさまざまな視点から生徒が興味をもつ魅力的な作品であるため、生徒個々の主体的な読みを土台とする本単元の教材としても最適である。また、作品テーマにいたる問いについても、生徒が多様な発想で設定することが可能であり、相互に考察を共有するなかで、生徒が文学作品へのアプローチ方法の多様性を実感することができる教材でもあると考える。

3．具体的な評価規準

関心・意欲・態度	話す・聞く能力	知識・理解
・発表に向け、作品テーマに迫る考察を深めようとしている。 ・ディスカッションで積極的に意見交換をしようとしている。 ・プレゼンテーションでわかりやすく伝えようとしている。	・自分の考えを整理し、論理的に説明している。 ・表現を工夫し、効果的に自分の読みを聞き手に伝えている。 ・他者の意見を聞き取って理解して、質疑応答している。	・作品中の漢字や語句の意味を正しく理解している。 ・作者に関する概略、作品の舞台背景を的確に把握している。

4．単元と評価の計画

次	生徒の学習内容	教師の指導・支援、評価方法
1	◇単元の学習目標と活動の内容を知る。 ◇範読を聞く。 ◇作者の概略を知り、舞台背景を整理する。	・予習プリント：語句意味調べ・漢字。 ・作品テーマにつながる問いの立て方を説明する。 〈評価方法〉観察・ワークシート
2 3 4	◇示されたポイントを中心に読解する（3人組の鼎《てい》談形式によって、生徒自身で読解するという手法を行った）。 ノート　1段目：場面展開 2段目：場面ごとの下人の行動 3段目：場面ごとの下人の心理 4段目：示された設問への解答、自分なりの注目点・疑問点 〈ノートの見開き〉→ 1段目／2段目／3段目／4段目 *※読解しながら、テーマに迫る問いを立てるための材料として、注目点・疑問点を上げておく。それらをヒントに中心となる問いを決める。*	・4段構成のノートの書き方を指示する ・4段目に提示した設問 ①下人の心理変化をグラフにしよう ②老婆の言い訳を一般化しよう ③「蟋蟀」や「にきび」の表現効果は何か ④ラストの一文について、初出時のものと比較して、その表現効果は何か。 〈評価方法〉観察・ノート *※次回までに、「作品テーマの探究に繋がる問い」、つまり、その問いを掘り下げると「『羅生門』とは〇〇を描き出した物語だ」といえる問いを決定しておくことを指示する。*
5	◇各自、作品テーマに迫る問いを立て、その問いについて分析・考察する。	・プレゼンシートの構成 シート1：タイトル・所属・名前

	◇本文を根拠に、自分の考えの説明ができるように分析・考察を進める。 ◇探究のプロセスを整理し、発表のための５枚のプレゼンシートを作成する。 ※プレゼンシートは、Ｂ４画用紙を四つ折りにして裏表利用する。	シート２：自分の立てた問い シート３：分析・考察の内容 シート４：分析・考察のまとめ シート５：「羅生門」のテーマ 〈評価方法〉観察・ワークシート
6	◇グループ内発表 ４分プレゼン＋２分質疑応答 ◇相互評価 グループ内で相互評価し、最もよいプレゼンテーションを一つ選ぶ。 ◇プレゼンプレゼンテーションの改善 選んだプレゼンテーションについて、班員で協力し、よりよく改善する。	・６人グループをつくり、順にプレゼンテーションをさせる。 ・４分プレゼンは、紙芝居形式で、シートをほかの人に見せながら発表するようにさせる。 〈評価方法〉観察・ワークシート
7	◇クラス全体発表 ４分プレゼン＋２分質疑応答 前時の改善を生かし、各班の代表者が全体の前でプレゼンテーションをする。 ◇相互評価＆振り返りシートの提出。	・各班の代表者のシートを iPad で写真に撮り、プロジェクターに接続して、前面のスクリーンに映してスライドにする。 〈評価方法〉観察・ワークシート
8	◇〔発展的活動〕論文シートを書く。 発表によって明らかになった改善点を修正し、意見を組み立てて論文を書く。	・プレゼンのシート内容を、論文シートに落とし込む方法を説明する。 〈評価方法〉観察・ワークシート

5．アクティブ・ラーニング（A. L.）を取り入れた授業デザイン

①アクティブ・ラーニングによって期待される学習効果

文学作品を教材として、思考力・判断力・表現力を身につける国語の授業を行うための方法論として、以下の図のような学習の流れをモデルケースとして考えた。

【文学作品を教材としたアクティブ・ラーニングの流れ】

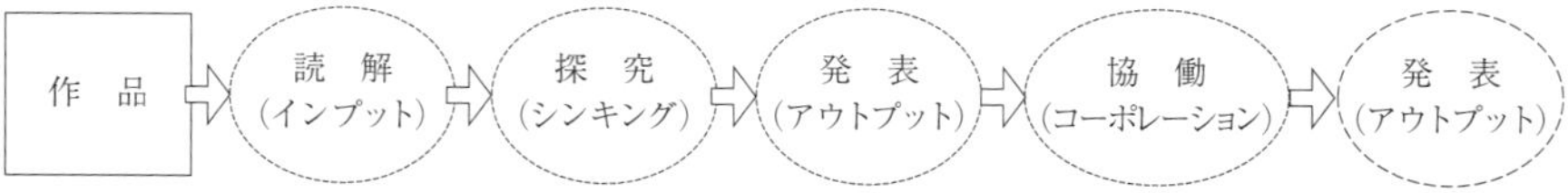

この学習の流れを一つの経験として、その経験を生徒が重ねることによって、文学作品を主体的に読む方法論を身につけられる。学習者の実態や、年間および数年間を見通した計画のなかで、どのプロセスを生徒主体で行い、どのプロセスでどの程度指導・支援をするか、そのバランスを考えて単元をデザインすることが重要である。

また、今回は、作品の「読解（インプット）」を土台として学習者が主体的に「探究（シンキング）」して作品テーマを見いだすことをゴールとするが、そのなかで、「発表（アウトプット）」の効果に着目し、以下の点に活動の重点をおいた。

【本単元におけるアクティブ・ラーニングのポイント】

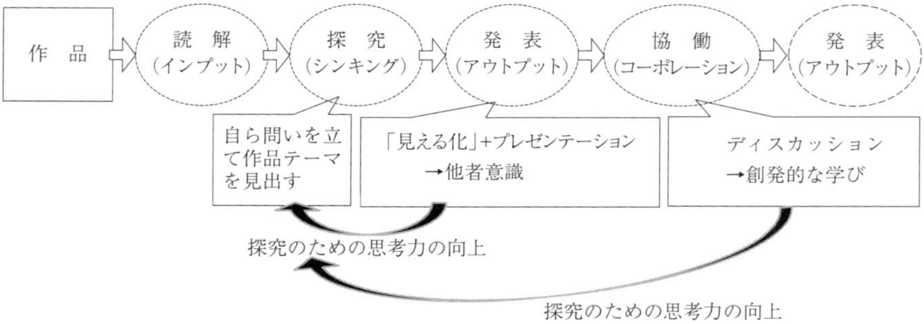

探究のプロセスと結果を「見える化」したプレゼンシートを用いてプレゼンテーションすること（話す活動）を中心に据えることにより、表現力の向上はもちろんのこと、「探究する内容が深まる・客観視される・論理的に整理される」といった、他者意識の惹起による思考力の向上を主だったねらいとした。

さらに、グループ内プレゼンテーションを相互評価し、選んだ代表者のプレゼンテーションを、ディスカッションを行って改善すること（協働的活動）により、「新たな気づきが生まれる・論理性や客観性が高まる・多角的な視点が得られる」などの創発的な学びを経験するという点でも効果が生じると考えた。

②単元のデザイン

本単元は、高等学校１年の１学期の実施である。中等教育学校である本校では、中学段階において、協働的活動のなかで読解や探究を行ってきたため、生徒たちは「自分たちで読む」という感覚をある程度身につけている。とくに、文学作品については、客観性の高い読解と主体的に自分の読みを構築するという点を区別して意識させてきた。「羅生門」の前に教材とした文学作品「故郷」（魯迅）では、授業者が設定した問いについて、協働的活動を通じて各自の作品テーマを導き出すという内容の単元を実施した。今回はその次の段階へのステップアップを図るものである。そこで、３人組の鼎談《ていだん》形式で本文の読解を行い、それを土台に個々が自ら問いを立てて作品テーマにアプローチし、それらを「話す・聞く」協働的活動によって高めていくという活動を組み立てた。

また、この単元で「話す・聞く」を中心に据えた内容にしたのは、これまでの「書く」ことを中心とした表現活動の経験で身につけた言語技能の上に立って、ある程度個人のなかで意見構築したものを人に伝わるように「話す」、他者の意見を「聞いて」理解する、そして「話す・聞く」の交換によってそれらを深める技能を高めていくことを求める段階だと考えたためである。

文学作品を教材とした思考力・判断力・表現力を育む国語の授業によって、生徒自身が主体的に文学作品を読み、自己の言語技能を高めるための方法論を身につけることは、長期的なねらいの一つである。そのねらいのもと、次の段階に向かう発展的課題として、プレゼンテーション（話すこと）によって発表したものを論文の形式に落とし込む（書くこと）活動を入れた。これは、発表形式の違いによる思考整理のバリエーションを身につけさせることを意図したものである。

③採用した学びの技法

発表（話すこと）という目的意識を持った探究と、協働活動（話す・聞く）による深め合い。

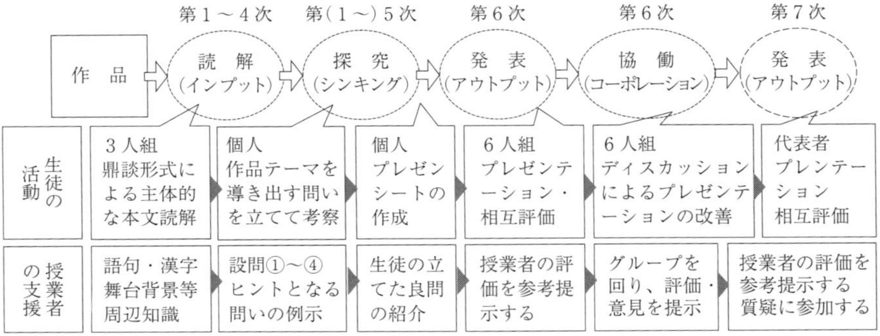

6．学習指導要領との関連

●国語総合「書くこと」

ア　話題について様々な角度から検討して自分の考えをもち、根拠を明確にするなど論理の構成や展開を工夫して意見を述べること。

イ　目的や場に応じて、効果的に話したり的確に聞き取ったりすること。

エ　話したり聞いたり話し合ったりしたことの内容や表現の仕方について自己評価や相互評価を行い、自分の話し方や言葉遣いに役立てるとともに、ものの見方、感じ方、考え方を豊かにすること。

7．A. L. を取り入れた場面の指導計画（全８時間　本時・６時間目）

①本時の目標

・自ら問いを立てて解釈したことにより見いだした「羅生門」の作品テーマについて、論理的・効果的なプレゼンテーションを行い、説得力をもって聞き手に伝える。
・他者のプレゼンテーションを主体的に聞き取って理解・評価し、共有した考察内容についてディスカッションを通してよりよいものに改善する。

②本時の展開

分	学習内容と学習活動 ○印：学習者の思考の流れ	教師の指導・支援と評価 ●印：評価（方法）
40分	1　導入 ◇本時の学習目標と活動の内容を知る。	・６人のグループをつくり、グループ内で順にプレゼンテーションを行うことを指示する。
	2　グループ内発表 ◇各グループ内で６人が順に、プレゼンテーションを行う。 ［4分プレゼン］＋［2分質疑応答］× ６人 ◇聞き手は、他者のプレゼンを聞き取りながら、評価シートを書く。	・［4分プレゼン］は、紙芝居形式で、シートを見せながら発表する。 ［シート１］10秒→［シート２］50秒→ ［シート３］２分→［シート４］30秒→ ［シート５］30秒 ●観察・ワークシート

〈表〉　〈プレゼンシート〉…Ｂ４画用紙を四つ折りにして裏表を使う。　〈裏〉

〈表〉		〈裏〉	
		シート２ 自分の立てた問い 何に関心をもったのか／何を取り上げるのか／着目ポイント　…等	**シート４** 分析・考察のまとめ シート３の内容を整理し、まとめとして示す。
	シート１ タイトル 所属・名前	**シート３** 分析・考察の詳細 項目立て、箇条書き、図式化、構造図等でわかりやすく示す　…など	**シート５** 「羅生門」のテーマ 結論として、この小説は何を描き出した小説だと考えるか。＋参考資料など

分	学習内容と学習活動	教師の指導・支援と評価
10分	3　相互評価 ◇各自で評価シートを書く。 ◇グループ内で相互評価し、最もよいプレゼンテーションであったものを、一つ選ぶ。各グループ１人	・全員にプレゼンテーションシートと評価シートを提出させる。

	の代表者が決定。クラスで計６人選出。 4　プレゼンテーションの改善 ◇選んだものについてディスカッションし、よりよいプレゼンテーションに改善する。 ◇代表者は、改善した内容を反映したプレゼンシートを作成する。	・代表者には、改善したプレゼンテーションシートを提出させる。 ※代表者のものはipadでシートごとに１枚ずつ写真を撮ってすぐに返却する（次回のクラス内発表時にスライドとして利用する）。 ●観察・ワークシート
	５次時の連絡 ・次時の活動内容を知る。	・次回は班で選ばれた代表者がクラス全体で発表することを知らせる。

8．成果と課題

①成　果

・段階的な探究活動による、主体的に読む技術の向上

本単元では、作品テーマをつかむための問いを生徒自身で考えさせたことにより、作品を主体的に読み解こうとする姿勢をもたせることができた。その活動において重要なのは、「作品テーマを見いだすことに繋がる問いとはどのようなものか」という視点を生徒が身につけることである。また、探究活動の過程では論理的に独自の作品テーマを見いだしていくための道筋を生徒自身がつくる。この文学作品へのアプローチにおもしろさあることを生徒が実感し、より自主的にプレゼンの準備や意見交換を行う様子が見られたことは大きな成果である。自分で立てた問いを考察するなかで、その作品のテーマが自分のなかに浮かび上がる瞬間に探究の楽しさを感じるのである。

・発表・意見交流活動による、探究的思考・論理的思考の深まり

探究活動においては、続くプレゼンテーションによる他者と意見交換に向けて、いかに効果的に自分の見いだしたテーマとその道筋を伝えるかについて各自が工夫をし、シートづくりやプレゼンテーションの組み立てを行っていた。他者の発表に対して強い興味・関心をもって聞き、そこで他者が自分とはまったく異なる作品テーマ見いだしていることや、同じ部分に着目しながらもたどり着くテーマが異なること、などにふれて大きな刺激を受け、充実した意見交換となった。生徒の感想のなかでも、「プレゼンテーションを行う準備をしながら考えがまとまっていった」「他者のプレゼンテーションを聞くことで全く思いつかなかった視点を知り、自分の意見を見直すことになった」「自分とは違う意見を聞くことが楽しかったし、その見方でもう一度読んでみたい」などの感想が出た。そして、互いに他者のプレゼンテーションを鑑として、自分の思考の論理性を改善する材料としていた。

・形式を変えた２回の発表活動の組み合わせによる、「話す・聞く」活動の活性化

グループでのプレゼンテーションは少人数であるため互いの意見を言いやすく、その後のディスカッションも活性化する。その段階を経たことにより、クラスでのプレゼンテーションにおいても質疑応答が活発化していた。段階を経た活動によって生じた効果であった。単元の組み立て方が、生徒の活動の活性化に大きく関係していることを改めて感じた。

②課　題

本単元を実施するなかで、今後の課題として以下のような３点があげられる。

・読解の内容をどこまで生徒主体で行うか。本文の読み間違いを放置することになれば、作品テーマに迫る土台づくりができなくなり、本文の読解が浅ければ、作品テーマへのアプローチが論理性を書くものとなる。教材や生徒の実態に応じて指導・支援が適切かどうかを常に確認しなければならない。

・生徒が自ら問いを立てて、作品テーマを見いだす意見を構築する活動においては、生徒が「論理的な意見構築」をめざしながらも、つい「思い込み」によって論を進めてしまう。本文を根拠とした分析と、自分の主観性に対してメタ的視点を意識的に持たせる声がけを何度もする必要がある。

・生徒の出した多様なアプローチ方法をカテゴライズして位置づけることで、方法論が対象化され、次の段階の活動へとつながるのではないかと考える。次の段階（「山月記」中島敦など）として、一人で複数のアプローチ方法を用いて、多角的に読むという活動を用いた単元などが考えられる。

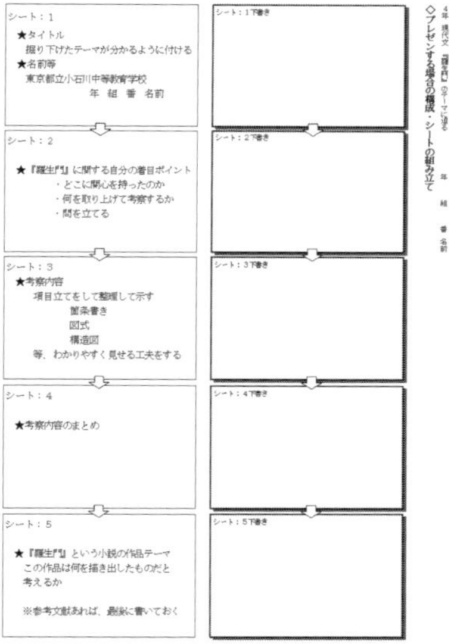

図3.4.1　ワークシート１

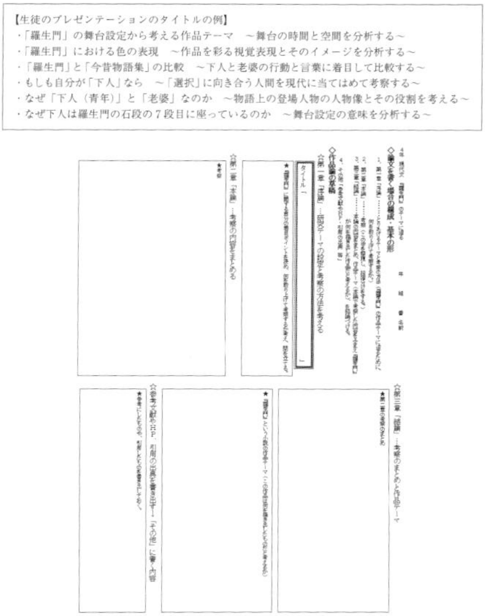

図3.4.2　ワークシート２

5 協力して疑問を解決しよう―ジグソー法を用いた評論読解―

単元名　　評論文の読解
「しきりの文化論」(大修館書店『精選国語総合［改訂版］現代文編』)

1．単元の目標

・わからないところを取りあげ、互い協力して疑問を解決している。　【読む能力】
・段落ごとの内容を理解している。　【知識・理解】

2．単元観

論説文は、筆者の話題が学習者たちの身近な事柄から離れ、抽象的な概念が多く含まれるようになると、とたんに難解さを感じ、関心が薄れてしまう。ともすれば、本文と向き合うのは授業者で、授業者が本文と向き合い解決した結果を、学習者が受け取る授業になりがちである。「他人」事としての読みではなく、「自分」事として読むか。いかにして、学習者が主体的にその文章の読み手になるか。構成的グループ活動(ジグソー法)を取り入れ、能動的な読み手の育成をめざす。

今回、柏木博「しきりの文化論」で実践を行った。段落を4段落に分けることで、ジグソー法の型を取り入れやすくなること、また抽象的概念が多く含まれ、協力して解決するというねらいに適していると判断した。

3．具体的な評価規準

関心・意欲・態度	読む能力	知識・理解
・疑問点を考えながら読もうとしている。 ・疑問について解決しようとしている。	・疑問として取り上げられた箇所を中心に読み解いている。	・最終段落を中心に筆者の主張を理解している。

4．単元と評価の計画

次	生徒の学習内容	教師の指導・支援、評価方法
1	・本文の音読。 ・本文の疑問をもった箇所に線を引く。 ・段落分けを行う。 ・お互いの疑問を段落ごとに確認する。	・本文をグループで音読し疑問点に線引きをする。 ・根拠に基づいて四つの段落に分ける。 ・疑問点をグループ内で共有する。
2	ジグソー法による授業1	・4人グループ（チームA）をつくり、各段落の担当者（エキスパート）を決める。 ・各段落のエキスパートでグループ（チームB）をつくり、疑問点の解決を中心に段落の内容を説明できるようにする。
3	ジグソー法による授業2	・最初のグループに戻り、各担当箇所の説明を行う。説明は、説明＋質疑応答＋メモ、計7分間。 ・各担当者が説明を終えた時点で、筆者の主張をまとめ、ワークシートに記入する。
4	本文読解（段落ごと）	・ジグソー法によって解決できなかった課題を授業内で取り上げる。
5	言語記号論について（授業進度によって家庭学習用課題にする）	・入試問題の演習を通して、筆者の主張を補強する。 ・柏木博の「しきりの文化論」と鈴木孝夫「ことばと文化」を扱う。

5．アクティブ・ラーニング（A. L.）を取り入れた授業デザイン

①アクティブ・ラーニングによって期待される学習効果…能動的な読み手の育成

「自分」事として読むために、まず自分の「わかる」と「わからない」の可視化が必要となる。

多くの生徒が線を引いた箇所が、単元の核となる部分であり、その解決を生徒が自ら行うことで能動的な読み手となるのではないかと考えた。

②単元の内容の説明…課題を発見し、自ら解決する授業

授業は、全体を読みわからないところに線引きをするところからはじめる。線を引

いた部分が、単元終了時に「わかる」ようになれば、生徒自身の最低限の学びが保障される。ただし、「何がわからないかわからない」という学習者も一定数いる。そこでペアまたはグループで「疑問の共有」を行い、「疑問のもち方」を学んでいく段階を取り入れた。

③採用した学びの技法…課題を解決する仕掛け―本文と格闘する

学習者が自らクラスの課題の解決者となるための仕掛けとして、今回ジクソー法を用いることにした。ジグソー法は、学習者一人ひとりが課題解決の責任者（各課題のエキスパート）となる仕掛けである。もし自分が課題に取り組まなければ、メンバーの学びを達成できないため、否が応でも読み込まなければならない。また、説明をすることを通じて本文の内容を理解し、ほかの生徒の説明を聞くことで、内容の理解を深める。この「学び合う場」の形成は、国語の授業にとどまらず、他教科の学習や授業外での教え合う環境づくりにもつながっていく。

6．学習指導要領との関連

●国語総合「書くこと」

イ　文章の内容を叙述に即して的確に読み取ったり、必要に応じて要約や詳述をしたりすること。

7．A. L. を取り入れた場面の指導計画（全５時間　本時・２、３時間目）

①本時の目標

・各段落の疑問点について互いに協力し解決している。

②本時の展開

第２時限目

分	学習内容と学習活動 ○印：学習者の思考の流れ	教師の指導・支援と評価 ●印：評価（方法）
10分	Aチームでの活動…各段落のエキスパートになる ①４人班（班番号１～９）内でクマ、パンダ、リス、ウサギに分ける。	①４人班がそれぞれ番号なので、それと区別するため、また各チームの連帯感を高めるしかけとして、動物の名前を用いた。
	②クマ＝第１段落、パンダ＝第２段落…	②４人班を解体したあとに集まるチーム

	というように、役割を決める。さらに、クマ奇数、クマ偶数というように班番号の偶数と奇数で分かれて４～５人からなるエキスパートチーム（B）をつくる。	Bの人数が多いとチーム内の話し合いが活発化しないおそれがある。そのためここでは、エキスパートチームの人数を４～５名とするために、あらかじめ班を二つ（偶数・奇数）にわけるように指示を出す。
15分	③それぞれの段落の疑問点をチーム内で共有する。	③チーム内の疑問点が、この後の課題になる。どんな些細な点でもいいのでどんどんピックアップするよう促す。
	Bチームでの活動…疑問を共有し解決する。	
25分	④各エキスパートチーム内で担当段落の疑問点を共有し、内容を説明できるようにする。解決できない疑問やわかりにくい箇所があった場合は、その箇所を明らかにし、のちほど各班で解決する（ワークシートを使用する）。	④チーム内で解決できそうにない場合、それぞれ同一段落を扱っている別チーム（偶数・奇数）と協力するよう促す。

第３時限目

分	学習内容と学習活動 ○印：学習者の思考の流れ	教師の指導・支援と評価 ●印：評価（方法）
５分	⑤全体をもう一度黙読し、自分の抱いた疑問について再確認する（前の時間にやったことを思い出すため。この作業は連続授業の場合には不要）。	⑤この時間は、担当箇所の説明をするだけでなく、ほかの箇所についての説明を受けることになる。本文全体のどこがわからなかったのかを、もう一度確認するため、この作業はしっかり取り組ませる。
	Bチームでの活動…チーム内で内容を説明する	
	⑥Bチームで集まり、説明リハーサルを行う（板書されていることがらが、説明に事項に含まれているか確認する）。	⑥Aチームに戻ったときに、自信をもって説明できるためのリハーサルの時間をとる。説明時間の感覚（制限時間）をつかんだり、わかった気になっていることを防ぐねらいがある。また、作業状況に応じて授業者は、各段落ごとに必ず説明してほしいポイントを１～

		2つ程度板書しておき、その内容が説明事項に入っているかどうか学習者に確認させる。●読むこと
	Aチームでの活動…互いに説明し合う。 ⑦4人班にもどり第一段落担当クマさんから、説明する。 時間配分…発表＋質疑＝5分 メモを書く＝2分　　×4	⑦時間の管理を行う。メモをとる時間を確保する。
	⑧説明が終わった時点で、それぞれの担当者の説明のなかに、板書したキーセンテンスの言及があったか、また、自分がその内容についてわかっているかどうか、学習者に黙視させ、これらの内容がわかっていたら4人のワークは完了。	⑧授業者は各段落のキーセンテンスを板書しておく。もしわからない箇所があった場合には、もう一度その部分について考える時間をとってもよい。
	⑨最後に筆者の意見をまとめる。	●知識理解

8．成果と課題

①成　果

・学習者たちの感想にあるように、一人で読むときよりも真剣に本文と向き合い、解決のために取り組んだ様子がうかがえた。一つ一つの語の意味や、文の成分や文節にまでこだわって読み込む姿がみられた。また、普段積極的に取り組まない生徒もほかの学習者に巻き込まれるように授業に取り組んでいたのが印象的だった。

●学習者の感想
・他人の疑問は自分が考えもしないことばかりなので新鮮だった。
・説明しあうと人に教える責任がかかってくるから、緊張する部分があった。
・みんなに説明するために前から読み取ったりしなきゃいけなくて大変でした。どんだけ読んでも開けないところがあって困りました。でも一つ一つの文を考えたから、いつもの評論文よりは理解できました。
・自分はうまく説明できなかった。説明できないということは、まだ理解できていないということなので、学習しなおそうと思った。

説明する責任があることで、文章に向き合う意識に変化がみられたようだ。また、

・この文の作者の言いたいことが自分一人ではわからなかったけれど、ほかの人の意見を聞くことで作者の主張を理解することができた。
・最初は４段落の意味がつかめなかったけれど、話し合うなかで論理がつかめてきてわくわくしました。最終的に筆者の最初の問題提起にもどってきているんだなあ、と実感しました。
・自分は４段落をやったけど、最後がわかると全部わかりやすくなってもう一回読み直すとよくわかった。すごいわかるようになる授業だった。
[このように、説明しあうなかで理解が深まった様子がうかがえる。]
・この作業をやることでよく読み込むことができた。“教え合う”ことが一番効率的に学べると思う。[このように教え合うことがお互いの学びにつながることを実感した学習者もいるようだ。]

②課　題

・エキスパートチーム内でリハーサルの時間をとることで、これから説明するぞ、という気合いを入れる。また、自信のない生徒にチーム内でよく理解している生徒に確認をとるステップをおく。

　質疑が活発な班とそうでない班では、内容の理解度は歴然とした差があり、班のなかで、質問をする生徒がいないところでは、あまりよい討論ができていなかった。そのため、エキスパート班からもとのチームに戻って説明する際、説明を聞くときには、メモなどをとりながら集中して聞き、説明をきいている途中にわからなかったところがあったときにはその箇所をメモしておくなど、何がわかって、何がわからなかったのかが大切である。担当者の説明の後の質疑の時間には、どんどん質問をするように呼びかけ、内容理解を促す。ただ生徒によっては、自分が「説明」をすることに気をとられてしまい、自分の担当箇所以外のところに集中できていないようだった。聞く時間と話す時間の明確な時間管理、リハーサルの重要性について実感した。

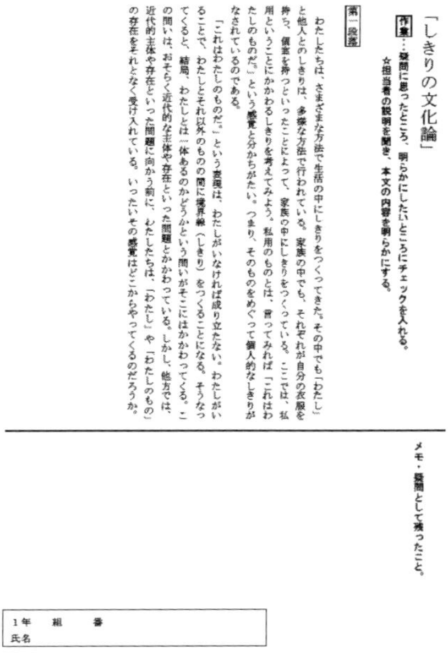
「しきりの文化論」
作業…疑問に思ったところ、明らかにしたいところにチェックを入れる。
☆担当者の説明を聞き、本文の内容を明らかにする。

第一段落
わたしたちは、さまざまな方法で生活の中にしきりをつくってきた。その中でも「わたし」と他人とのしきりは、多様な方法で行われている。家族の中でも、それぞれが自分の衣服を持ち、個室を持つといったことによって、家族の中にしきりをつくっている。ここでは、私用ということにかかわるしきりを考えてみよう。私用のものとは、言ってみれば「これはわたしのものだ。」という感覚と分かちがたい。つまり、そのものをめぐって個人的なしきりがなされているのである。
「これはわたしのものだ。」という表現は、わたしがいなければ成り立たない。わたしがいることで、わたしとそれ以外のものの間に境界線（しきり）をつくることになる。そうなってくると、結局、わたしとは一体あるのかどうかという問いがそこにはかかわってくる。この問いは、おそらく近代的な主体や存在といった問題とかかわっている。しかし、他方では、近代的主体や存在といった問題に向かう前に、わたしたちは、「わたし」や「わたしのもの」の存在をそれとなく受け入れている。いったいその感覚はどこからやってくるのだろうか。

メモ・疑問として残ったこと。

1年　組　番
氏名

図3.5.1　ワークシート

6 YouTubeを活用し、パフォーマンス評価を取り入れた「書くこと」の指導

単元名　　歌詞を活用し、描写文を書く
「表現の実践　創作をする」（第一学習社『新編国語総合』）

1．単元の目標

・物事の様子や場面を、行動や心情などを、読み手が想像できるよう描いている。
【書く能力】
・文章について自己評価や相互評価をし、自己の表現に役立てている。　【書く能力】

2．単元観

・補助教材　「喝采」（YouTubeでの視聴および歌詞カード）
・教材選定の理由

創作とは、日常生活で感じたことや経験したことを、または想像したことなどを、詩歌や随筆、物語などの形式で表現することである。そして、表現されたものは、それを読む人や聞く人に、言語をとおして、正確にあるいは想像できるように伝えられなければならない。そのためには、事実と意見を区別し、客観的に描写する力やそこに主観を織り交ぜて表現する力または両者を書き分ける力が必要である。そもそも、自己の感じたことや経験したことを他者に伝えるという行為は、日常的なものである。社会に出れば、場や相手を考慮し、わかりやすく伝える力が必要になってくる。

これからの学習者はとくに、異なる言語や背景をもつ者を対象として、自己経験や思考、感情を伝える必要性がある。そこで、自己の思考や体験・経験を、言葉をとおして他者に伝える力を、学習者に身につけさせるために、創作という言語活動が有効であると考えた。また、社会に出て仕事をするうえで、メモを取る、書類を作成するなど「書く」という活動は避けられない。よって、「書く能力」を育成することが重要であると判断した。

しかし、創作をするためには、表現形式に即した構成要素を理解し、主題や場の設定、題材の収集など、段階を踏むことが必要である。最終的には学習者自身の力で取り組まなければならない課題だが、書くことを苦手としている学習者には、負担感が大きいだろう。そこで、「歌詞」に着目し、創作をする前段階として、描写文の記述を設定した。YouTubeを活用した目的は二つある。一つ目は、本校は定時制課程であり、外国にルーツをもつ学習者も多い。そこで歌詞を理解する支援の一つとして、「聴く」ことを取り入れた。なぜなら、彼らは日本語の習得をする際、聞くことを中

心に行うからだ。二つ目は、主観をはさむときには、曲調も材料とし、歌の世界を広げてもらうためである。歌詞は、起承転結など、場面や構成があるものを選定し、学習者自身で場や人物の設定ができるようにした。また、歌詞に程よい飛躍があり、文をつなぐためには、想像力を必要とするものを選定した。そうすることで、歌詞の世界を描くためには、どのような出来事や人物の行動が必要かを、学習者が思考したり想像したりしなければならない課題を設定した。歌詞の分析をもとにした描写文を書くことは、思考力や想像力を伸ばし、心情を豊かにし、言語感覚を磨くのに役立つものと考える。

3．具体的な評価規準

関心・意欲・態度	書く能力	知識・理解
①記述の構成や内容について、自己評価しようとしている。 ②記述の構成や内容について、他者のすぐれた表現を自己の表現に役立てようとしている。	①歌詞にある情景や出来事、心情を客観的に描写している。 ②歌詞にある語句を根拠に情報を分析したうえで、省略されている情景や出来事、心情を想像し主観を交えて描写している。	①語の対応を正しく使っている。 ②類義語を使って、自己の表現を豊かにしている。

4．単元と評価の計画

次	生徒の学習内容	教師の指導・支援、評価方法
1	①「喝采」の視聴 ②歌詞全体の大きな情報（全体）の分析 【個人作業→ペアまたはグループで交流→全体で共有】	・５Ｗ１Ｈを意識させる。 ・「どこで」は、答えが複数あることを意識させる。ただし、根拠を歌詞のなかに求めさせる。 ・結論→根拠の型で、考えさせる。 【イ①　ワークシート】
2	①人物・場・語句などの小さな情報（細部）の分析 ②１番の歌詞について、主観をはさむ部分を取り出し、意見交換する。 【個人作業→ペアまたはグループで交流→全体で共有】	・事実と意見を区別させる。 ・歌詞の内容をつなげるために、自分で想像し、補う部分が記述内容になることを意識させ、その点がルーブリックの項目になることを、教師と学習者間で確認し、共有する。【イ②　ワークシート】
3	①１番の歌詞について、描写文を書く。	・5W1H を補い、設定を意識させる。

	②ルーブリックをもとに、自己評価をする。 ③ペアやグループで記述を交換し、ルーブリックの以下の点について、意見交換する。 ・【条件】が満たされているか ・歌詞の文言を、自分の表現に書き直しているか 【個人作業→ペアまたはグループで交流】	・消しゴムを使わず、訂正させる。 ・他者の表現で、取り入れたいものがあったら、ペンの色を変えて原稿用紙につけ足す。 ・机間指導を行う際、ルーブリックを共有し、学習者がどこに困難を感じているか、明確にする。 【ア①②エ①②　描写文】
4	①クラス全体で再度ルーブリックを共有する。 ・当該生徒と授業者の間で、3次の机間指導でどのような対話がなされ、どのようにルーブリックを共有したか、クラス全体に周知する。 ②当該生徒の自己評価を発表する。 ③付箋に、ルーブリックをもとに、当該生徒の描写文のすぐれているところや自己の表現にとりいれたい箇所を記入し、模造紙に貼っていく。 ④クラスでの全体会をふまえ、自己の描写文を推敲する。	・全体会で共有する描写文は、ルーブリックをもとに学習者がどのような視点で書いたか、を①②で意識させる。 ・相互評価をする際の注意点を確認する。自己の勝手な感想を述べるのではなく、ルーブリックを介在させることを意識させる。 【ア①②　描写文】

5．アクティブ・ラーニング（A. L.）を取り入れた学習デザイン

①アクティブ・ラーニングによって期待される効果

描写文を完成させるまでの過程を重視し、そこに教師やほかの学習者との交流を多く重ね、得られたフィードバックを自己の文章に取り入れることで、期待される効果は、以下のとおりである。

(1) 構想段階から交流することで、他者の文章や書く過程に関心をもつようになる。また、自己の文章や書く過程に関心をもってもらうことで、書くことの動機づけにつながり、書くこと自体に意欲をもたせることができる。

(2) 相互交流することで、それぞれの語彙量を増やし、質を高めることができる。

(3) 自他の表現を、批判的に考える視点を獲得することができる。

②単元のデザイン

2．単元観に記載

③採用した学びの技法

学習者が自立した書き手となるためには、学習者自身が自己の課題を発見し、解決

していく過程が必要である。そのための学習支援として、ルーブリックを活用する。ルーブリックとは、学習者の学習到達状況を評価するための評価基準表である。縦軸に評価項目、横軸に到達レベルを設定する活用の目的は、以下のとおりである。

(1) 学習者が何を意識して書くのか、焦点を明確化する。
①ルーブリックを作成ガイドとして活用させる。
②評価者の意図を伝えやすくする。

(2) 学習者自身が自己評価をするときの指針とする。
①作成時においては、点検表の役目を果たす。
②返却後は、その評価を学習者が自己の学習活動にフィードバックできる。

(3) 評価者と学習者で、課題と評価を共有する。
・あらかじめ評価基準を提示することで、両者の間で具体的なやりとりが可能になる。
①学習者が課題に取り組む際、「何に困っているのか」、具体的に評価者に伝えることができる。評価者は、学習者が何につまずいているのか、具体的に知ることができる。
②課題のなかで、「できていること」と「不足していること」を、学習者自身に気づかせることができる。

(4) 学習者間で課題と評価を共有するため。
①同じものさしを共有することで、「できていること」と「不足していること」がわかりやすい。
②他者の「できていること」を、自己の課題にフィードバックしやすい。

6．学習指導要領との関連

●国語総合　内容「B書くこと」の(1)

ウ　対象を的確に説明したり描写したりするなど、適切な表現の仕方を考えて書くこと。

エ　すぐれた表現に接してその条件を考えたり、書いた文章について自己評価や相互評価を行ったりして、自分の表現に役立てるとともに、ものの見方、感じ方、考え方を豊かにすること。

7．A. L. を取り入れた場面の指導計画（全4時間本時・3時間目）

①本時の目標

・読み手が想像できるように、必要な情報を補って書く。
・すぐれた表現を自己の表現に役立てる。

②本時の展開

分	学習内容と学習活動 ○印：学習者の思考の流れ	教師の指導・支援と評価 ●印：評価方法
導入 5分	(1) 本時の目標を確認する (2) ルーブリックを共有する	本時の目標にしたがって、ルーブリック内のうち、構成要素(1)(2)、叙述(3)を重点化する。
展開① 25分	(1) 1番の歌詞について、記述する。 ○歌詞カード①～③に、5W1Hを補いながら、文章を書く。どこの幕が開くのか、どういう恋の歌なのか、いつ、何が届いたのか、を具体的に考えて書く。 ○客観と主観を区別する。 ○書いたものを消さないことで、自己の表現を比較し、よりよい表現を思考する。 (2) 書いた文章を、ルーブリックにしたがって自己評価する。 ○項目にしたがって、レ点でチェックするなど、視覚化しながら、達成している項目と不足している項目を認識する。	Ⅰ．修正や付け加えの仕方を指導する。二重線や括弧で対処し、書いた文章は消さないことを指導する。 Ⅱ．ルーブリックのうち、叙述(5) 表記(2)は、机間指導をする。その際、ルーブリックで指さし確認し、できているかそうでないかは、学習者に気づかせる。 Ⅲ．書くことが苦手な学習者には、ルーブリックの項目ごと、できそうか、難しそうかを判断させ、取り組めそうな課題のみに限定して、活動させる。 ●2次でのワークシート、ルーブリックをもとに記述している。 【観察・記述の内容】
展開② 10分	(3) 自己評価が終わった者同士、描写文を交換し、相互評価する。授業者と対話して、ルーブリックの項目に変更があった学習者は、自己のルーブリックの内容について、ペアやグループの人に説明する。 ○他者の修正過程を視覚的に捉え、比較や吟味をし、すぐれた表現に関して自己の意見や考えをもつ。	Ⅳ．個々の主観で評価をせず、ルーブリックをもとに相互評価させる。 Ⅴ．創作部分で他者の表現を取り入れる際は、ペンの色を変えて書き写す。 ●記述した描写文とルーブリックをもとに交流をしている。 ●評価する際、どうしてそう考えたか、根拠や理由をそえて話をしている。 【観察・描写文の修正、加筆】
まとめ 5分	(4) 以下の点において、意見を述べ、全体で共有する。 ①書く際に、取り組みづらい点があったか。 ②自己や相互評価をするときに、迷ったことや判断がつかなかったことはあったか。 ③他者との交流で、気づいた点や助かった点があったか。	Ⅵ①・②に関しては、評価者の方で、ルーブリックに修正を加え、4次の推敲の際、改定ルーブリックとして提示する。

8．成果と課題

①成　果

(1) 相互交流から得られた成果

書く過程を、歌詞の分析から評価を通して交流することで、学習者の意欲を高めることができた。とくに、自分の解釈や想像したことをほかの学習者とすりあわせることで、自信をもてたり安心したりすることができていた。その心的要因が、書くことへの関心や意欲、動機づけにつながっている。

また、新たな表現の獲得だけではなく、他者の考えや解釈を知ることで、自己のものの見方や思考を広げたり、深めたりすることができた。

(2) ルーブリックの活用から得られた成果

ルーブリックを用いた自己評価は、不足している力を認識させるより、むしろできている、達成されている力を認識させることに有用であった。なぜなら、(1)と同様、学習者が自信と安心感をもち、課題に取り組むことができるからだ。他者からのフィードバックを取り入れ、書き直しをする作業は、書くことに対し、高い動機づけが必要となってくる。自信をもつことで、「次に書くときはこうしてみよう」という、意欲と具体的な改善を学習者自身がもてるようになった。

②課　題

(1) 創作の課題

本実践では、自己の想像力を膨らませ、自分の言葉を用いて文を創作する部分は、さほど多くない。今後は、描写文を土台にして、歌詞の世界を物語文として創作するなどの広がりをもたせていきたい。そのためには、物語の構成要素（冒頭・発端・山場・クライマックス・結末・終わり）にしたがって記述をしていく力が必要となってくる。また、読み手にありありと想像させるために必要な書く力とは、具体的にどのような力なのか、授業者自身が見通しをもたなければならない。

(2) ルーブリックの課題

本実践では、叙述の項目が多くなったために、学習者にとって活用しづらいルーブリックになってしまった。項目が多岐にわたると、自他評価をする際に、学習者だけでは判断しづらい箇所がでてきてしまう。これでは、学習者自身の気づきにつながらず、主体的は学習活動が行えない。また、本ルーブリックでは、最終的な出来映えを評価することができなかった。ルーブリックが、学習者のパフォーマンスを適正に評価できるものになっているかどうかを検証するためには、やはり評価者複数での作成が必要であると考える。また、常に、ルーブリック自体に修正をかける作業も不可欠だ。学習支援としての機能の効果は実感できるものの、評価ツールとしての機能をいかに保証するかが、今後の課題である。

歌詞の分析　「喝采」ちあきなおみ　　組　　番　氏名

歌詞カードを読んだり、歌を視聴したりし、以下の項目について、自分の考えを書きなさい。

◎「全体《ぜんたい》→細部《さいぶ》→全体《ぜんたい》」をみる　　◎「なぜ、そう考えたか」根拠《こんきょ》を歌詞《かし》の中《なか》からもとめる。

【全体】
いつ（季節など）
どこで
だれが
なにを
どうしている（どうした）

【細部】
・１番を起承転結にわける

・「わたし②」の職業は？仕事ぶりはどうか？

・「報せ③」の種類は？　はがき？　電報？

・「報せ③」の内容は？

・回想シーン（思い出している部分）はどこの部分か？

・「祈る言葉さえなくしてた⑧」とは、どういうことか？

・「ほそいかげ⑩」とは、何のかげか？

・「こぼす涙さえ忘れていた⑪」とは、どういうことか？

・「話す人もないわたしの　耳にわたしのうたが通りすぎていく⑫・⑬」とは、どういうことか？

・「それでもわたしは今日も恋の歌うたってる⑯・⑰」の「それでも」は、どういうことか？

・「恋の歌⑰」の内容は？

【全体】
全体の曲のイメージは？

曲調は、どのような感じか？

図3.6.1「喝采」ワークシート

●1番の歌詞

「喝采」描写文の書き方

【条件】以下の条件をふまえて作文を書くこと。
①歌詞の主人公「私」を主語にする。
②どこで歌っているのか　または　どこの幕があいているのか、明確にすること。
③「報せ」の内容を明確にすること。
④「祈る言葉さえなくしていた」のはなぜか、理由を入れること。

【記述＆評価ルーブリック】

	A（たいへん良い）	B（良い）	C（頑張ろう）
構成要素	(1)「私」の視点で書かれている。 (2)①～④の条件がすべて入っている。	(1)「私」の視点で書かれている。 (2)①～③の条件が入っている。	(1)「私」の視点で書かれている。 (2)①～②の条件が入っている。
叙　述	(1)主述が整っている。 (2)誰の誰に対しての行動や動作かが明確である。 (3)言葉を巧みに言い換えている。 (4)接続詞などを使い、文と文のつながりに飛躍がない。 (5)文体が統一されている。	(1)主述の乱れが何か所か見られる。 (2)誰の誰に対しての行動や動作かに抜けがある。 (3)言葉を言い換えている。 (4)文と文のつながりに飛躍がない。 (5)文体が統一されている。	(1)主述の乱れが多い。 (2)誰の誰に対しての行動や動作かが不明確である。 (3)歌詞の文言をそのまま使用している。 (4)文と文のつながりが不自然である。 (5)文体が統一されている。
表　記	(1)誤字、脱字がない。 (2)「、」「。」が文頭に来ない。	(1)誤字、脱字が２か所以内。 (2)「、」「。」が文頭に来ない。	(1)誤字、脱字が３か所以上。 (2)「、」「。」が文頭にある。

【例】＊相互評価をしたのち、生徒に示したもの

いつものように〈コンサート会場〉の幕が開き、恋の歌を熱唱している私のもとに、〈ある日〉黒いふちどりがある一通の葉書が舞い込んだ。←（届いた）　それは、〈故郷に残してきた昔の恋人〉の死をしらせる葉書だった。あれはもう三年前のことになる。〈歌手になることを夢見て東京に行こうとしている私を〉、彼は〈必死に〉とめた。〈そんな彼を振り切って〉、私は一人動き始めた汽車に飛び乗った。〈葬儀に参列するために、私はまた、〉ひなびたこの町に戻ってきた。昼下がり、教会の前で喪服を着た私は、〈あまりの悲しさ〉に、彼の死を弔う言葉一つさえ、←（祈る言葉）出てこないのだった。

＊〈　〉・・・自分で付け加えた箇所。自由に書くのではなく、あくまでも歌詞を根拠にして　そこから推測したり想像したりして創作すること。

＊←（　歌詞にあるもとの言葉　）
　青字…もっといい表現に変えた言葉

図3.6.2　ルーブリック

7 創作（吟行）と句会によるセッション
―創造性・批判的思考力を育てる授業―

単元名　俳句の創作・鑑賞

1．単元の目標

・吟行の際、俳句の鑑賞や実作で培ってきた知識や表現力を生かし、ふさわしい季語を用いて俳句を詠んでいる。【書く能力】
・句会の進行（作句→出句→清記→互選→披講）の仕方を理解し、学び合っている。【話す・聞く能力】

2．単元観

現行の学習指導要領をふまえ、俳句の創作・鑑賞を通じ、ことばの力や伝え合う力を育てることをねらいとする。そのためには、まず国語総合、現代文、国語表現の教科書で近代の名句（補充として現代の俳句・主に同年代の俳句）を教材として、俳句の鑑賞に必要な基本的知識（川柳や標語との違い、定型、季語、切れ字、取り合わせなど）を学び、自力で俳句を鑑賞できるようにする。あわせて自ら俳句をつくることができるようにする。というように、鑑賞と実作を同時並行で進めながら、レベルアップをはかりたい。

実作の際は、俳句鑑賞で学んだ知識を用い、効果的に季語を入れて俳句が詠めているかなど、必ず推敲するくせをつけさせることが重要である。

今回は俳句学習のまとめとして、自然に親しみながら実作をする吟行、そこで詠んだ句を中心に句会を経験させた実践を取り上げる。吟行による実作では自然のなかで写生を意識し対象をしっかりと見つめ、体全体を使って自分だけの見方、感じ方を表現することで、創造性が養われる。また、句会においては友人の作品に学び、表現の豊かさに気づいて互いに高めあう効果が得られる。最後に作品のよいところを指摘したり、改善点を指摘したりと合評することで、批判的思考力も育成できる。高校時代に、俳句＝座（指導者を交えて平らな関係のなかで学び合う）の文芸という雰囲気を味わわせ、卒業後も折にふれて俳句に親しむきっかけとなってくれればと考える。

補助教材：吟行で使用　季語のプリントと提出用紙（吟行メモと俳句を記入できるもの）
句会で使用　ワークシート「初めての俳句講座」、短冊、清記用紙、選句用紙（参考資料参照）

3．具体的な評価規準

関心・意欲・態度	話す・聞く能力	知識・理解
・吟行を通し五感を働かせて実感で句を詠もうとしている。 ・句会や合評を通じ、互いの表現のなかから学び合おうとしている。	・披講の際、高得点句やよいと思った句の表現の工夫について合評形式で講評を行い、句への理解を深め合っている。 ・指導者の講評を聞き、俳句への理解をさらに深めている。	・俳句の鑑賞や実作で学習済みの知識（切れ字、取り合わせ、季語、表現技巧、写生など）を実作や選句に生かしている。 ・句会の進行の仕方を理解している。

4．単元と評価の計画

次	生徒の学習内容	教師の指導・支援、評価方法
1	メモをとりながら公園を吟行する。	観察のポイントを示す。（関心・意欲・態度）（書く能力）
2	吟行メモと季語のプリントをもとに提出用紙に俳句を記入し、推敲する。出句する３句をしぼり、短冊に記入する。（無記名）	実作やしぼりこみに苦労している生徒にアドバイスする。（机間指導）提出用紙と短冊を回収する。次回机の向きを円座にしておくよう指示する。（関心・意欲・態度）（書く能力）（知識・理解）
3	句会（清記、互選）	本時参照
4	句会（披講、名乗り、合評）	本時参照

5．アクティブ・ラーニング（A. L.）を取り入れた授業デザイン

①アクティブ・ラーニングによって期待される学習効果

教員の一方的な講義による俳句鑑賞で終わらず、吟行による実作で創造性を養い、句会を通じて批判的思考力を育てることができる。

②単元のデザイン

対象校種・学年・時期

高校２年　国語表現（総合的な学習の時間）　２学期（10月）の２時間連続授業を２回分

③採用した学びの技法

吟行・句会のための話し合い活動（ディスカッション）

6．学習指導要領との関連

●国語表現

オ　様々な表現についてその効果を吟味したり、書いた文章を互いに読み合って批評したりして、自分の表現や推敲に役立てるとともに、ものの見方、感じ方、考え方を豊かにすること。

イ　詩歌をつくったり小説などを書いたり、鑑賞したことをまとめたりすること。

7．A. L. を取り入れた場面の指導計画（全4時間　本時・3、4時間目）

①本時の目標

俳句＝座の文芸という雰囲気を味わわせ、コミュニケーションの楽しさを体験させる。

②本時の展開

分	学習内容と学習活動 ○印：学習者の思考の流れ	教師の指導・支援と評価 ●印：評価（方法）
5分 45分	○句会のやり方をワークシート（初めての俳句講座 No.7）を見て確認する。 ・清記、互選する。 ○清記したものを番号順に回覧して各自で選をする。回覧中に気に入ったものを書きとめておき、そのなかから5句にしぼり、選句用紙に書き、記名する。	・机の向きと出句まで済んでいることを確認する。 ・よくまぜた短冊を一人3枚ずつ配り、清記させて座席順に番号をつけさせる。誤字、脱字のないよう、清記後にもう一度見直させる。 ・自分の句以外を選ぶことを指示する。 ・頃合いを見計らい「いっせーのせ」で時計回りに回覧させる。 ●関心・意欲・態度、知識・理解（観察）
  35分	・披講（点盛り、名乗り、合評、指導者の講評）を行う。 ○互選したものを順に読み上げ、正の字で点盛りしていく。 ○高点句の俳句から、読み上げられた作	・「○○選、3番〜」「いただき」といって点盛り（正の字で)。「7番〜」「いただき」と言って点盛り…のやり取りをまず指導者が示し、時計回りで行う。

15分	者は名のり、まわりは拍手する。 ○寸評を発表したり、作者の思いにふれたりすることで、さまざまな観点から学び合う。	・合評がスムーズに行われるよう、指導者が司会進行する。 ・生徒の選ではもれたが、優れた俳句を中心に講評する。 ・座の雰囲気が味わえたことを確認し、感想を締切までに提出するよう指示する。 ●関心・意欲・態度、知識・理解、話す能力・聞く能力（観察）

8．成果と課題

①成　果

(1) 俳句はむずかしいという固定観念を崩せた。

友人の句に学ぶことで、俳句は古くさい、決まり事が多くつまらない、省略部分を補って鑑賞するのも詠むのもむずかしいという思いを払拭できた。

(2) 言葉の組み合わせや季語がもつ豊かさを味わわせられた。

(3) 世界に「haiku」として誇る、最短の言葉数で表現できる可能性に気づかせられた。

なお、(2)(3)に関しては昨年度指導し、全国俳句大会ジュニアの部で特選に選ばれた生徒作品「けやき咲く若葉を花とよべるなら」を引用する。けやきは普通咲くとは表現しないが、けやきの若葉のみずみずしさに作者は感動し、それを「けやき咲く」と表現した。その感性たるや大人顔負けですばらしい。そうした俳句を一句でも多く詠み合っていきたいものである。

(4) 座の楽しさ＝コミュニケーションの楽しさを体験させられた。勤務校が変わってもその学校や生徒に合わせて柔軟に実践を取り入れていく姿勢は継続していきたい。

②課　題

(1) ３年間を通じてレベルアップしていける俳句指導を年間行事計画のなかに組み込むこと（学年単位で応募できるコンクールの精選も含む）。

１・２年次に教科書で俳句を学習する際、鑑賞でとどめるのでなく創作させる。また、遠足や修学旅行、夏休みの宿題等、折にふれて創作の機会を与えたい。詠ませた俳句は文集に載せたり、外部コンクールへ応募したりすることをお勧めする。

たとえば、遠足での鎌倉俳句＆ハイクへの参加。また、龍谷大学青春俳句大賞の想いでの修学旅行部門への投句が考えられる。そのほかにも、俳人協会主催全国俳句大会ジュニアの部や国民文化祭小・中・高校生の部。神奈川大学全国高校生俳句大賞（龍谷大学は中学生部門もあり）。伊藤園おーいお茶新俳句大賞小・中・高校生の部への投句など、ジュニア・学生は投句料も無料なので手軽に挑戦できる。

(2) 図書館か教科でハンディタイプの歳時記を一クラス分購入してもらい、折にふれて使うこと。『ハンディ版　入門歳時記』（俳句文学館編集、角川学芸出版）や、『新版季寄せ』（角川書店編、角川書店）が大きさ、値段ともにお勧めである。

最後に、「そうした時間が取れない」「進学校だから俳句に時間は割けられない」とおっしゃる先生方も多いと思う。だが、定型だからこそ生徒の本音の表現が可能になる。短い時間で表現力を磨き、心を耕せる。といった定型文学の力を使わないのはもったいない。

次に参考資料として紹介した「国語総合（現代文）お楽しみ句会」は、事前に出句（できれば清記）まで済ませておけば、2時間で楽しめるお手軽なものである。私は定期テスト後の短縮2時間を使って実施し、次の時間にプリントにして配付した。

初めての俳句講座 その七

1 句会をするぞ！

句会の進行を紹介します。

①作句　**題詠**　兼題　前もって出されていた季題で句を作る。

席題　当日出される季題でその場で作る。

嘱目　吟行（句を作るために出かけて行く）のときの句会では、とくに題は決めないで、その日の目にふれたもので作る。

当季雑詠　その季節のものならばなんでもよい。作ってきたり、その場で作ってもよい。

②出句　**〆切時間・投句数を決めて出句する。**

用意されている小さな短冊の紙に、各自一句ずつ書いて出す（無記名）。（小さな切短冊は各自に決められた投句数だけ配られる。）

③清記　**規定の用紙に出句を清書する。**

全員の出句が終わると、短冊をよくまぜ、各自分担して清書する。清書されたものは番号をつける。

④互選　**清書されたものから、各自選句する。**

清記したものを番号順に回覧して各自で選をする（いわゆる運座である）。回覧中に気に入ったものを書き留めておき、その中から決められた数をしぼり、選句用紙に書き記名して提出する。

⑤披講　**選句を披露する。**

互選したものを集めて披講者が発表する。読み上げられた句の作者は名のる。最後に選者（その会の指導者）の選の披講と講評があり終了。**合評形式**で行われることも多い。

（　　）年（　　）組（　　）番（　　　　　　）

図4.7.1　ワークシート1

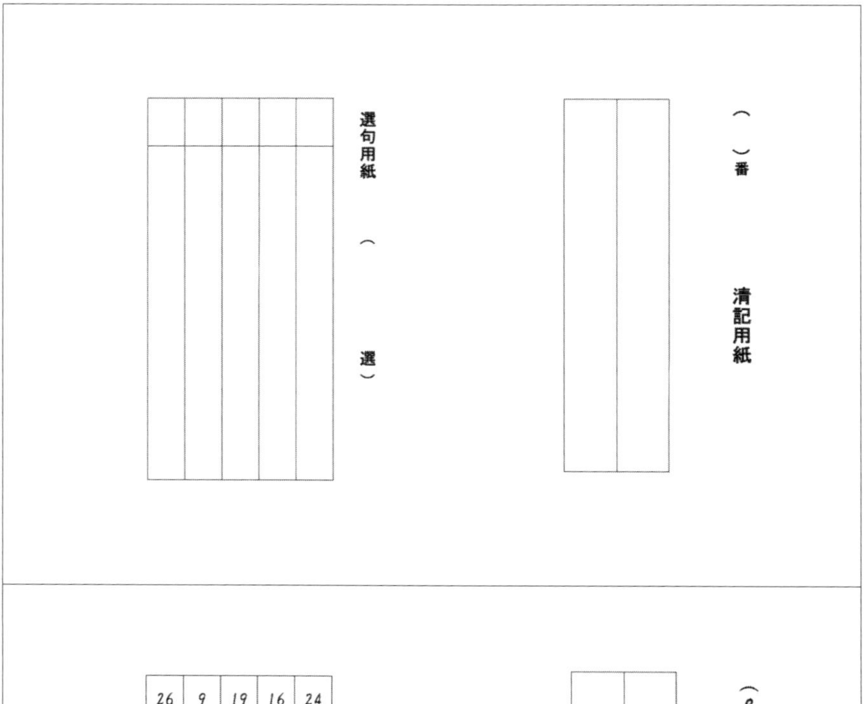

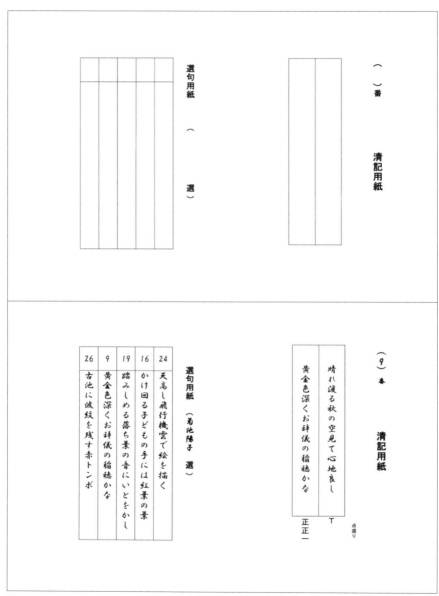

図4.7.2　清記・選句用紙と生徒作品例

参考資料

国語総合（2014年３月７日実施　40名　３月１日　当季雑詠・出句）

お楽しみ句会　高点句・選者賞受賞句

８点		卒業は別れと出会いを運ぶ種	R・Nさん
８点		惜別を意味するように桜散る	T・S君
７点	菊池特選	粉雪がレミオロメンを歌わせる	K・S君
７点		昇降口悲喜が飛び交うもう春か	A・Nさん
７点		春一番私を起こす母の声	Mさん
７点		惜別と出会い彩る花吹雪	K君
６点	菊池準特選	きみがくる足音をまつつくしの子	Kさん
６点		雪投げる笑いあう中目が本気	H君
６点		桜見て思い出すのはあの笑顔	Hさん
２点	菊池準特選	小さめに口笛吹いた東風	T君

担任の先生からのはなむけの句　　春風は新たな一歩の背中押す

なごり雪プレハブ校舎よさようなら　　菊池　陽子

参考文献

西田拓郎・高木恵理『新学習指導要領対応たのしい俳句の授業—わかる・つくる』明治図書、2009年

神奈川大学広報委員会編『17音の青春2009』ＮＨＫ出版、2009年

夏井いつき『子供たちはいかにして俳句と出会ったか』創風社出版、2000年

夏井いつき『100年俳句計画』そうえん社、2007年

俳句文学館　夏季俳句指導講座（中高）発表資料

櫂未知子「季語を輝かす」俳句月評『毎日新聞社』2016年３月28日付

コラム③　学校図書館の読書材を授業に活かす

学校図書館法第１条（目的）には「学校図書館は学校に欠くことができない」と書いてある。

教員は教科書と指導書だけでは授業はつくれない。単元に直結した文献だけでなく、その周辺の学びも常に行いながら授業をつくり上げていく。また、生徒も学びを深めるためには学習材としての多くの資料が必要だ。その資料を集めているところが学校図書館である。学校図書館は学校教育にはなくてはならないのである。

どの教科もそうなのであるが、とくに国語科はすべての分野を扱う総合教科的な意味合いも多くもっている。文学だけでなく、自然科学も社会科学も芸術も扱い、より多くの資料を必要とする教科でもある。自分一人で資料を集めるのは大変だ。そのために学校には司書教諭や学校司書が配置されている。

学校図書館を上手に使い、授業に生かしていきたい。

1　読書センターとして

「高等学校学習指導要領解説国語編」の「第１章総則」には「読書に親しみ、ものの見方、感じ方、考え方を広げたり、深めたりするため読書活動を内容に位置づける」「読書に関する指導については、学校図書館や地域の図書館などと提携し、読書の幅を広げ、読書の習慣を養うなど、生涯にわたって読書に親しむ態度を育成することや、情報を使いこなす能力を育成することを重視して改善を図っている」といった記述がある。

授業と関連づけるなら、たとえば漱石『こころ』を取り扱うとき、漱石のほかの小説や評論を、また類似作品をして武者小路実篤『友情』も読んでみるといいし、姜尚中の『悩む力』などもいいだろう。漱石没後100年に関する新聞記事なども参考になる。

一単元の授業のためだけでなく、読書習慣を持つことは、興味・関心をもつきっかけとしても、また発展読書としても有効であり、ここでも学校図書館をおおいに利用したい。

「並行読書」という言葉が普通に使われるようになった。教科書にも参考図書が具体的に掲載されてもいる。作品のテーマを深めるもの、同じ作者のほかの作品も学校図書館で揃えて展示し、借りられるようにすると、学習も楽しく深まるだろう。

もっというなら、日頃から身のまわりのことに関して興味・関心をもたせたい。与えられた文章を、ただ授業だからと読んでいるのでは学習の意欲もわかない。現代社会、人間の心、芸術、科学の進歩など、疑問をもち、不思議さを感じ、考えようとする下地は、それまでの多くの体験から生まれるものだろう。読書は時空を超えて、さまざまな豊かな体験ができるのだ。

2　情報センターとして

上述のとおり、学校図書館は学習に必要な資料（情報）を集めている。

たとえば、『源氏物語』を学習するとき、時代背景や住まい・衣服はどうだったのか、どのような現代語訳があるか、登場人物についての解説など。科学評論であるなら、自然科学に関する本や『Newton』などの雑誌も参考になるかも知れない。芸術論なら画集や写真集なども参考にすると背景も広がるだろう。

テーマを決めて調べ学習的な授業でもおおいに使える。

資料は、単行本だけとは限らない。まずは事典でざっくりと。事典や辞典も多種類ある。新聞は現代社会の新しい情報を知るには一番だ。1種類だけでなく複数種類読み比べてみよう。新聞やポプラディアネットなどのデータベースが入っていれば、広範囲の調べができる。インターネットも信頼できるサイトを見つけると頼りになる。DVDやCDなどさまざまなアプリも含めて、アナログもデジタルも図書館資料である。

3　学習センターとして

場所としての学校図書館の価値もある。教室の机より大きいサイズのテーブルなどもあり、話し合いや模造紙に記入などがしやすい。

まわりに本がある。またパソコンなどが設置されているところも増え、ネット検索などもできる。前項で書いた、新聞や事典・パンフレット、雑誌などもある。

プロジェクタやスクリーンを備えつけてあれば発表の場としても有効だ。

協働的・主体的に学び表現するアクティブラーニングの場としても学校図書館は有効である。

4　司書教諭・学校司書の存在

学校図書館には、司書教諭をおかなくてはいけないことになっている（12学級以上の学校)。司書教諭とは図書館業務を掌る教員のことだ。また、2015年度からは学校司書もおくことが努力義務として法律に位置づけられた。司書教諭は教科・担任をもつことが多く、学校司書はまだすべての学校に配置とまではいっていないが、学校図書館には専門の「ヒト」が存在していて、学校教育全般の支援を行っている。そのなかでも資料を整え、授業を支援するのが大きな役割でもある。

よって、授業に必要な資料は万難を排してそろえようとする。それが仕事である。自校の資料で間に合わないときは、公立図書館などとも連携してそろえる。先生や生徒の資料探しを手伝うし、メディアリテラシーに関する指導もできる。レファレンスサービスは、図書館員の大きな仕事の一つだ。授業の導入などでブックトークを行ってもいい。

つまり、図書館員と連携すると、常にティームティーチングを行っている状態になるといえるのだ。

5　学校図書館の読書材を活かす

以上のように、学校図書館を利活用すると、より広く深い授業ができる。

もちろん、学校により、蔵書数や図書館員の配置、デジタル機器の設置など十分ではないところもあるかもしれない。しかし、それは利用しない理由にはならない。少なくとも、教室で授業者一人で行うより深まることは間違いない。また、よりよい授業づくりのためにも学校図書館の充実は学校をあげて取り組みたいものでもある。

国語科の授業では、多くが精読主義に則り、扱う文章は多いとはいえないのが現状だ。しかし（だからこそ)、多くの文献・資料に当たることにふれる機会を大切にし、その場をつくりたい。メディアリテラシーの育成にも多読（多くの文章にふれること）は必要である。

学校図書館の読書材を活かしたい。

東京学芸大学附属世田谷中学校・公開授業「学校図書館との協働を軸とした情報活用力への働き掛け～『批評』を考える～」

1 「主体的・対話的で深い学び」を実現するために
―形式的な学びにならないための工夫―

1．「主体的・対話的で深い学び」とは

2015（平成27）年８月に中央教育審議会の教育課程企画特別部会から示された「論点整理」では、「指導方法の不断の見直し」として以下の３点が示された。

1．習得・活用・探究という学習プロセスの中で、問題発見・解決を念頭に置いた深い学びの過程が実現できているかどうか。
2．他者との協働や外界との相互作用を通じて、自らの考えを広げ深める、対話的な学びの過程が実現できているかどうか。
3．子供たちが見通しを持って粘り強く取り組み、自らの学習活動を振り返って次につなげる、主体的な学びの過程が実現できているかどうか。

１では、基礎・基本となる知識の習得とその活用・探究という「学習プロセス」が重視されている。２の「対話的」とは、他者との対話では協働的な学習形態を伴うことも多くなるほかに、対象との対話、自己との対話もあるだろう。３の主体的な学びは、学習の見通しや振り返りが重視されている。

この「論点整理」では、「育成すべき資質・能力の要素」として、知識・技能、思考力・判断力・表現力など、主体的に学習に取り組む態度の３点をあげた。そのうえで、「資質・能力の三つの柱」を重視しており、次のように整理することができる。

1．何を知っているか、何ができるか（個別の知識・技能）
- 各教科等に関する個別の知識や技能などであり、身体的技能や芸術表現のための技能等も含む
- 既存の知識・技能と関連づけたり組み合わせたりしていくことにより、知識・技能の定着を図るとともに、社会のさまざまな場面で活用できる知識・技能として体系化しながら身につけていくことが重要
- 社会のさまざまな場面で活用できる知識・技能

2．知っていること・できることをどう使うか（思考力・判断力・表現力等）

・問題発見・解決に必要な情報を収集・蓄積するとともに、既存の知識に加え、必要となる新たな知識・技能を獲得し、知識・技能を適切に組み合わせて、それらを活用しながら問題を解決していくために必要となる思考
・必要な情報を選択し、解決の方向性や方法を比較・選択し、結論を決定していくために必要な判断や意思決定
・伝える相手や状況に応じた表現
3．どのように社会・世界とかかわり、よりよい人生を送るか（学びに向かう力、人間性など）
・主体的に学習に取り組む態度も含めた学びに向かう力や、自己の感情や行動を統制する能力、自らの思考のプロセスなどを客観的に捉える力など、いわゆる「メタ認知」に関するもの
・多様性を尊重する態度と互いのよさを生かして協働する力、持続可能な社会づくりに向けた態度、リーダーシップやチームワーク、感性、やさしさや思いやりなど、人間性等に関するもの

1に記された「社会のさまざまな場面で活用できる知識・技能」とは、汎用的な能力である。いわば社会で生きて働く力を養うことが意識されているといえるだろう。

3にある「メタ認知」の「メタ」とは、より上位という意味である。自己の認知を自覚する過程をいい、近年注目されている概念である。

2．「主体的・対話的で深い学び」のための授業デザイン

「主体的・対話的で深い学び」の過程を実現するためには、次のようなことに留意して単元を授業デザインすることが大切である。

〈授業デザインにあたっての留意点〉
①学び方を学ぶ工夫を図る
・内容知だけではなく、方法知を習得する場面を設ける。
②学習者間で「問い」を共有し、単元のなかに習得・活用・探究という学習プロセスを実現する
・学習の基礎・基本となる知識や技能を習得する場面を設ける。
・学習の基礎・基本となる知識や技能を活用して学習する場面を設ける。
・学習の基礎・基本となる知識や技能を活用した学習経験を生かして、探究活動をする場面を設ける。
③学習者が学習の見通しをもてるように工夫する
・学習者に単元の目標と単元の学習プロセス、身につけたい技能を明確に示す。
・学習のなかに自己評価の場面を設け、メタ認知能力を高める。

表4.1.1　学びの技法

ディスカッションの技法	・シンク・ペア・シェア ・バズ学習 ・ED トーク ・ライティング・ディスカッション ・スイッチ・ディスカッション ・親和図 ・ワールドカフェ	・ソクラテス式問答法 ・ディベート ・列討論 ・トランプ式討論 ・ブレイン・ストーミング ・特派員 ・パネル・ディスカッション
書く技法	・ミニッツペーパー ・質問書方式 ・リフレクティブ・ジャーナル（内省日誌交換法） ・キーワード・レポート ・ラウンドテーブル	・コラボレイティブ・ライティング ・大福帳 ・ダイアローグジャーナル ・BRD（当日レポート方式） ・ピア・エディティング ・クリエティブ・セッション
相互に学ぶ技法	・ジグソー法 ・ラーニングセル ・タップス	・ペア・リーディング ・学生授業 ・書評プレゼンテーション

①学び方を学ぶ工夫を図る

「主体的・対話的で深い学び」の過程、いわゆるアクティブ・ラーニングは、特定の方法や技法ではなく、いわば理念的なものに近いのである。しかし、授業には、表4.1.1に示すような「学びの技法」を取り入れることが多く、本書第２・３部の単元例でもこのうちのいくつかが取り入れられている(1)。それらは、協働的な学びの形態を伴うものが多い。

「学びの技法」を取り入れることが、いわゆる「アクティブ・ラーニンク」であるという誤解を受けやすい。高等学校での「アクティブ・ラーニング型授業」では、教師による簡単な説明・指示、個人での作業、ペアワーク、グループワーク、クラス全体での共有、個人での振り返りという流れで行われることが多い。「学びの技法」の導入にあたっては、問いの解決のために「学びの技法」を習得することは大切であるが、その習得自体を目的にしないように心がける必要がある。

このような懸念もあって、松下佳代は次のようなディープ・アクティブラーニングを提唱している(2)。

ディープ・アクティブラーニングとは、一言でいえば「生徒・学生が他者と関わりながら、対象世界を深く学び、自分のこれまでの知識や経験と結びつけると同時にこれからの人生につなげていけるような学習」のことである。学びを構成する3つの軸（対象世界との関係、他者との関係、自己との関係）に、深さの軸や時間軸（過去 - 現在 - 未来）を埋め込んだものである。

本章の冒頭に示した「論点整理」の1にある「深い学び」については、次のように説明されている。

新しい知識や技能を習得したり、それを実際に活用して、問題解決に向けた探究活動を行ったりする中で、資質・能力の三つの柱に示す力が総合的に活用・発揮される場面が設定されることが重要である。教員はこのプロセスの中で、教える場面と、子供たちに思考・判断・表現させる場面を効果的に設計し関連させながら指導していくことが求められる。

「資質・能力」とは、対象が変わっても機能することが望ましい心の働きであり、「内容知」ではなく、「内容についての『学び方』や『考え方』に関するものであるため、『方法知』に近いといえるもの」(3)である。このことに意識的な授業デザインを心がけることが大切である。

②学習者間で「問い」を共有し、単元のなかに習得・活用・探究という学習プロセスを実現する

「主体的・対話的で深い学び」では授業者が学習者の気づきを促し、学習者間で学習の中心となる「問い」を共有することが大切である。その「問い」を解決してゆくことを学習の動機づけとして、基礎・基本となる知識や技能を習得させるようにする。授業者は単元で習得させる知識や技能について明確にしておく必要がある。

また、「問い」の解決のためには、教科書教材だけではなく、授業者が適切な資料を示したり、学習者に学校図書館メディア（図書、新聞・雑誌・インターネットなど）を活用させたりすることが必要な場合もある。ほかの資料を活用することによって学習者が新たな知識を得たり、あやふやな知識を確かなものにしたりすることができる。学習者の断片的な知識や経験が相互に関連づけられるようになる。

また、探究活動では、たとえば「情報活用能力」が必要になる。ただし、これは１回きりの学習で習得することはむずかしい。授業者は１年間、あるいは各学期を見通して、さまざまな場面で情報活用能力の習得を意識した学習の設定が必要になる。１単元だけですべてを指導しきろうとはせず、段階的に指導することが大切である。繰り返し情報活用の場面を設けることによって、段階的にその技能が確実に身についていくのである。

習得・活用・探究では、表4.1.2のような学習プロセスがある(4)。この学習プロセス自体が探究的な学習を想定したものになっている。１単元内に７段階を設定したものである。探究活動を行うためには、とくに第１～３段階まで（習得と活用の段階）にあたる指導事項について意識することが必要である。つまり、教える場面と学習者に思考・判断・表現させる場面とを効果的に設計し関連させながら指導していくことが大切である。探究活動を学習者に丸投げするような学習であってはならない。

表4.1.2 「習得・活用・探究」の学習プロセス

第１段階	学習の動機付けを図る学習【出会う】	習得
第２段階	基礎・基本の知識を習得する学習【知る】	習得
第３段階	興味や関心を高め、知識を深める学習【高める・深める】	活用
第４段階	課題を絞り込む学習【つかむ】	探究
第５段階	情報を取捨選択し、活用する学習【生かす】	探究
第６段階	情報を活用し、目的に合わせて加工する学習【選ぶ・まとめる】	探究
第７段階	情報を発信する学習【伝える】	探究

③学習者が学習の見通しをもてるように工夫する

授業者は表4.1.2のような学習プロセスを意識した授業デザインを工夫するだけではなく、いわゆる「メタ認知」を高めるための工夫を図ることが大切である。つまり何をどこまで理解できたか、学習への取り組みはどうだったかなど、自己の学習状況の質について学習者自身が相対化して客観的に認知することを促すための工夫である。メタ認知を育むためには自己評価の導入があげられる。ただし、機械的な自己評価ではなく、学習の振り返りを学習者自身が自分の言葉で綴ったり、協働的にグループで行った学習は自己評価も協働的に行ったりするなど、機械的な自己評価にならないように工夫することが必要である。

「主体的・対話的で深い学び」を実現し、形式的な学びにならないための工夫のまとめとして、以下の３点をあげる。

（１）「主体的・対話的で深い学び」を実現するためには、資質・能力の育成が重視されている。とくに「内容知」だけではなく、「方法知」を習得することが重視されている。
（２）「深い学び」の実現のためには、学習者に気づきを促し、学習者が問題意識をもって「問い」を共有し、授業者は問題発見や課題解決の学習プロセスを重視することが大切である。
（３）問題発見や課題解決のためには、教科書教材だけでは不十分な場合があり、必要に応じて、授業者が資料を提示したり、学習者が主体的に学校図書館の資料を活用したりしながら、課題解決を図ることが大切である。

注

（１）エリザベス・バークレイ、クレア・メジャー、パトリシア・クロスほか『協同学習の技法―大学教育の手引き』ナカニシヤ出版、2009年
（２）松下佳代「提言　国語科におけるアクティブ・ラーニングとは―ディープ・アクティブ・ラーニングと国語授業」『教育科学国語教育』2016年５月号（第797号）明治図書出版、2016年
（３）国立政策研究所『国研ライブラリー　資質・能力［理論編］』東洋館出版社、2016年
（４）稲井達也『授業で活用する学校図書館　中学校・探究的な学習を目ざす実践事例』全国学校図書館協議会、2014年

2 アクティブ・ラーニングの技法（1）―話し合いの指導―

アクティブ・ラーニングは、「教師が」何をどのように教えたかではなく、「学習者が」何をどのように学んだかが問われる。「学習者が」主体だからといって、教師が教壇の上からで見守っていればいいのではない。アクティブ・ラーニングで話し合いは活動の中核であり、教師自身が能動的にかかわってこそ成立する。教師には、豊かな学びを導く指導技法が求められている。

1．話し合いを始める前に入念な準備をする

①話し合いができる関係を築く

話し合いを成立させるには、一人ひとりが安心して発言でき、異なる意見を聞き入れ、考えを深めていく関係性ができていることが必要である(1)。話し合いでは、他者の意見を「聞くこと」によってこそ学びが成立する。「その人が話し終わるまで待つ。相槌を打ちながら聞く」といったルールを決めておく。そして、教師はルールが守られた瞬間を捉えて誉めていく。これを他教科の授業や学級活動とも連携し、繰り返し、日常的に習慣づけておきたい。

②探究心を促す課題を設定する

「すぐには答えがでない」「答えは一つだけではない」「一人ではむずかしい」「みんなの意見を聞いてみたい」。このように学習者の探究心を促す課題を設定することが必要である。そのためには、まず、教師自身が教材と資料をよく読み込み、児童生徒の反応をあらゆる角度から予測しておく。入念な教材研究が豊かな学びを導く。

そのうえで、課題そのものを学習者自身に考えさせるのもよい。「質問づくり」である(2)。学習者に課題に対する当事者意識をもたせることで意欲が高まる。付箋紙にたくさん質問を書き出し、「はい、いいえ」で答えられる“閉じた質問”か、多様な答えが期待できる“開いた質問”かに分類する。さらに、質

問を改善し、優先順位をつける。こうした質問づくりの過程も話し合いであり、本題の話し合いへの助走となる。

③話し合いの形式とゴールを決める

話し合いの形式は、グループ・セッション、ジグソー法、ディベート、ワールド・カフェ方式などがある。グループサイズは小さければ小さいほど、一人ひとりの活動量は増える。課題の内容と目的に併せて、形式を考えていく。

話し合いの成果をまとめる仕掛けとして、短冊やポスターの制作をゴールに設定するとよい。全体で成果を共有するときや、リフレクションに活用できる。

④話し合いを可視化させる道具を用意する

話し合いの内容は音声言語ゆえ時間とともに流れて消えていく。発言を書きとめておく必要がある。とはいえ、書くことに時間をとられ、話し合いが停滞してはいけない。話した内容を想起できる簡単なキーワードを付箋紙に書き留め、模造紙に貼っていく。話し合いの過程を俯瞰し、リフレクションができる。話すことの苦手な生徒にも、書くことで参加できたと励ますことができる。

⑤個人で考える時間を保証する

話し合いを始める前に自分の考えをまとめるワークシートを用意し、時間を十分に確保する。最後のリフレクションで、話し合いを通していかに変容したかを看取ることができる。

2．話し合いでは全体を視野に入れながら一人ひとりに耳を傾ける。

①意見をつなぐ

話し合いが始まったら、教師は全体を見渡しながら、班の様子に耳を傾け、発言を拾い上げていく。ことばがつながり、考えがつながり、理解がつながり深まっていくことで、深い学びが生まれる。その瞬間に向けて、教師は発話の重要な部分を瞬時に見分け、つないでいく。

「○○さんと同じ意見の人は？」「あの班ではこんな意見も出ていましたよ」。

そして、深い学びが生まれる瞬間を察知する。石井（2014）はこれを「教師の瞬間予見力」と呼んでいる(3)。最もむずかしく高度な技術である。この力は、十分な教材研究と、経験によって身につけていくことができる。

②時間を管理する

授業時間のなかで、話し合いの流れをコントロールできるように時間を知らせるのは教師の役割である。「あと◯分です」「そろそろまとめる方向で進めてみましょう」タイマーや時間を知らせるベルを活用するとよい。

③全体での共有からさらに学びを深める。

話し合い活動のゴールとして、話し合いの成果を表す制作物を展示し、全員で共有する時間を設定する。ほかの班と相互交流し、比較することにより、さらに深い学びが生起する。一人ずつに何枚かの付箋紙を持たせ、意見や感想を貼りつけていく活動を加えるとよい。

3．話し合い後、じっくりとリフレクションさせ、評価を次の学びにつなぐ

①リフレクションの時間を十分にとる

授業の最後には必ずリフレクションの時間をしっかりと設定すべきである。たとえ、その日の授業時間内に最初に設定したゴールまで到達しなくても、そこまでの過程で得られた気づきを書き留めておくとよい。リフレクションで話し合いの成果を書き記す時間は、学習者が自己の内面と対話する時間である。自らの考えを客観的に捉え直すことによって、最も深い学びが成立する。

②評価を次の学びにつなげる

話し合い活動の評価資料となるリフレクションでは、学習者による自己評価をしっかりと書かせる。初めに考えた自分の意見が話し合いを通してどのように変容したのか。また、どのような新たな気づきがあったのか。アクティブ・ラーニングでの学びを本人に確認させる。さらに、教師はそれらの記述から内容を質的に評価し、次の目標へと励ましていく。

4．教師自身のリフレクション

話し合いの指導に完成はない。また、一つとして同じ授業もない。教師の意

見のつなぎ方を工夫することによって、さらに深い学びを追究することができるからである。学習者のリフレクションシートを評価しながら、自分自身の授業をリフレクションするとよい。授業を丸ごと撮影した映像を見ながら、自分の意見のつなぎ方を分析するのもよいだろう。繰り返し、挑戦することによって、より深い学びへと導く技量を磨いていきたいものだ。

参考文献

秋田喜代美編『対話が生まれる教室　居場所感と夢中を保障する授業』教育開発研究所、2016年

ロスティン・サンタナ／吉田新一郎訳『たった一つを変えるだけクラスも教師も自立する「質問作り」』新評論、2015年

石井順治『続 教師の話し方聴き方—学びの深まりのために』ぎょうせい、2014年、p.47

3 アナログツールで楽しくアクティブ・ラーニング

1．アナログツールの活用

アクティブ・ラーニングはここ数年注目されている新しい手法であるため、ICT などの新しい技術とともに語られることも多い。しかしながら、生徒や学生の能動性を引き出すのは、ICT ばかりではない。アナログツール（クレヨン・色鉛筆・カラーサインペン・模造紙・付箋紙など）も、十分に役立つツールとして教師を助けてくれる。

筆者は現在、4年制大学の1～2年生を対象に言語表現科目を教えている。シラバスでうたわれている授業の目的は、「学生生活や社会生活で役立つ日本語力の習得」であり、そのために必要な態度として「自己をみつめる内省的態度」や「自分の考えを相手に伝える伝達的態度」をあげている。また「新聞やインターネットを活用し、メディア・リテラシーや情報リテラシーを身につける」「新書を読む読書力を養い、質的研究法で用いられるインタビューや就職活動で必要とされる自己 PR 文など、自分が体験したことの言語化に取り組む」という具体的な活動内容もあげられている。これらのうちとくに、「自己をみつめる内省的態度」「自分の考えを相手に伝える伝達的態度」を求めていることは、アクティブ・ラーニングを可能にするための基盤と考えており、そのような態度をもってお互いに授業活動に臨むことで、協働的な学びと創発性のある言語表現が可能になると考えている。

最初に確認しておきたいことは、アクティブ・ラーニング的な授業は特定のツールの使用により実現されるものではないということである。学生（生徒）たちにとって、めざすべき目的や、求められるべき態度、身につけたい力の存在があって、はじめてツール活用の話ができる。

以下に述べる筆者の実践はとくに目新しいものではないが、ツールに注目することによって、アクティブ・ラーニング的な授業の目的・求められる態度・

身につけようとする力が、学生（生徒）にどのように伝わっていくのかについて具体例をあげ、考えていきたい。

2．カラフルな筆記用具と「言語表現」授業へのアプローチ

カラフルな筆記用具は学生たちの心を陽気にする。選択肢が複数用意されていれば、学生たちは好みのものを選ぶことができる。何かを書く際に、好みのテクスチャを用いて、好きな色を使って、書く環境は、学生（生徒）たちを自由な気持ちにさせる。

筆者は、もともと日本語教育が専門であることから、欧米系のワークショップに参加する機会があるが、会場が楽しげに整えられていることが多い。通常、可動式の机や椅子がグループワーク用にセッティングされ、机の上には色とりどりのペンや文房具、ミネラルウォーターやワークショップ中につまめる小さなチョコレート・キャンディが用意されている。大人でも、こういったセッティングには心が浮き立ち、クリエイティブな気持ちが喚起されるものである。

筆者の担当している言語表現クラスは、40数名から60名の大人数クラスであるため、教師対学生の１対１のやりとりは限定的になりがちである。そのぶん、学生同士のやりとりが活発になるよう工夫をしている。

毎年、初回の授業では、６人ごとのグループをつくり、グループの名前を考え、グループフォルダをつくり、グループの名前を発表するという活動を学生たちに課している。グループフォルダとは、グループ名、メンバーの名前と学籍番号などが書かれた色つきのコピー用紙をさし、それをクリアフォルダに入れて、筆者と学生たちとの間の提出物のやりとりに使用している。そのグループフォルダを作成する際、クレヨン・色鉛筆・カラーサインペン・色つきのコピー用紙などを用意するのである。

初回の授業ということもあり、学生たちは緊張気味であるが、グループの名前を考え、グループフォルダを作成するときにはかなり打ち解けた雰囲気になっている。グループに適した名前を考え表記するときには、イラストを添えたり、メンバーの名前をカラフルに書いたりすることが自然に発生する。「言

語表現」の授業における小さな工夫であるが、初回の授業でこれを行うことによって、「選択権が与えられていること」「表現の多様性が認められていること」「表現する時間を楽しむこと」といったメッセージが自然に伝わっていくように思う。教師がすべきことは、カラフルな文房具を少し用意することだけである。誰にでも簡単にできる工夫だといえよう。

3．模造紙／イーゼルパッドと「自己を見つめる内省的態度」「自分の考えを相手に伝える伝達的態度」の養成

前述したシラバスからの引用にもあるように、筆者の実践では「自己をみつめる内省的態度」や「自分の考えを相手に伝える伝達的態度」を養成している。それを具現化する授業活動について紹介したい。

２年次後期の授業では、各自のあきらめなかった体験について互いにインタビューをし、お互いが記者となって相手の体験を記事に（文章化）するという活動を行っている。その活動を実施する理由として３点があげられる。第一に、勤務校が体育を専門とする単科大学であるため、苦難のなかでもあきらめなかった体験をもっている者が多いという素養を活かす点、第二に、３年次の専門教育（質的研究法としてのインタビュー法）の訓練として有効であるという点、第三に、３年次から始まる就職活動において求められる自己分析の訓練として有効であるという点である。

授業活動を設計する際に、学生のもつ素養と学生たちのニーズに応える活動を選択することは、アクティブ・ラーニング的授業を展開するうえで重要である。なぜなら、自分自身をリソースに自分の将来に役立ち

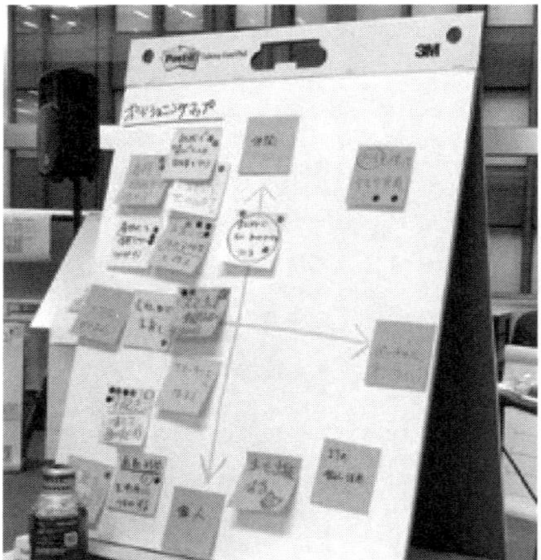

イーゼルパッドの例

そうなことを行うとき、人はより能動的になれるからである。

また、互いへのインタビュー活動をする前の準備として、『なぜあの時あきらめなかったのか』(PHP 研究所)をジグソー方式で読む活動を取り入れたり、お互いのあきらめなった体験についてワールドカフェという方法を用いてブレイン・ストーミングを行っている。インタビュー活動を有意義なものにするための準備であるとともに、それらの活動もアクティブ・ラーニングである。ワールドカフェという話し合いの手法については、WORLD.CAFE.Net(http://world-cafe.net/about/)が次のような説明をしている。

> Juanita Brown(アニータ・ブラウン)氏と David Isaacs(デイビッド・アイザックス)氏によって、1995年に開発・提唱されました。
>
> 当時二人が、知的資本経営に関するリーダーを自宅に招いた話し合いの場において、ゲストがリラックスしてオープンに生成的な話し合いを行えるように、様々な工夫を凝らした空間で話し合いを行った結果、創造性に富んだダイアローグを行うことができたことが始まりとなります。その後、想像できないほど多くの知識や洞察が生まれたことに感銘を受けた二人が、その経験から主体性と創造性を高める話し合いのエッセンスを抽出してまとめたのがワールド・カフェです。

そのワールドカフェでは、第2節で述べたカラフルな文房具のほかに、A1サイズの模造紙もしくはイーゼルパッドを話し合いの補助用具といて用意している。イーゼルパットは、584×508サイズの巨大な付箋紙であり、模造紙のように使ったあと、壁に貼ることもでき、イーゼルのように立てかけることもできるすぐれものである。模造紙に比べると高額だが、アクティブ・ラーニングには適している。

学生たちは、話し合いをしながら、思いついたことを思いついたまま大きな紙(模造紙／イーゼルパッド)に、自分の好きな筆記用具、自分の好きな色を使って書いていく。一見いたずら書きのように見えるイラストやメモであるが、授業の振り返りにおいて「手を動かしながら話すことで話しやすかった」「昔の思い出を話すときに、ついイラストも描いてしまった」「誰かの書いた手書きの文字を見ながら話をすることで共感しやすい」などといった感想がみられる。

ワールドカフェでは、最初のグループでの話し合いのあと、いったんグループを解散し別の場所で話し合ったあとに、再度、最初のグループに戻り、気づきを共有するという3段階の話し合いが行われのであるが、その際、模造紙が彼女らの記憶と記録をつなぎとめ、内省を深める役割を果たしてくれる。さらに、イーゼルパッドを使えば、その紙を教室の壁に即時に貼り出すことができ、お互いの成果を眺め、考えるセッションもできる。イーゼルのように立てかけてもカフェのようでおしゃれである。ICTだけでなく、イーゼルパッドのような現代的な文房具にお金をかけることも、授業を楽しくする工夫といえよう。

参考文献

小松成美『なぜあの時あきらめなかったのか』(PHP新書) PHP研究所、2012年

4 アクティブ・ラーニング推進のためにマルチメディアの活用を

1．人が学ぶとは

生涯学習社会において人は生涯、アクティブ・ラーニングをすることが求められている。その学びの形式は、毎日の生活を通して現実社会の諸現象に多様な関心をもち、その関心の対象についての理解をより深めようと、各自が自分なりに思考する心の働きが基本である。学校教育では、それを生徒の発達に応じて計画的に実践するが、人間の学びの基本形式には変わりはない。

2．学校での学びの基本的ステップ

情報化社会の今、以下のアクティブな学びの各ステップで、マルチメディアが積極的にかつ有効に活用される。

(1) 現実と出会い課題を認識する。学校での学習としては、とくに、現実と直接出会うという体験的な場面設定もあるが、多くは、教師が、児童生徒の学習到達のレベルあるいは各自の興味・関心の実態を考慮して、現実を加工した学習材・教材を提示する。

(2) すべての現実には多様な解釈がある。多くの場合、相対立する見解がある。教師は、これを理論的に説明する。

(3) 多様な見解があるが、一つの結論を導き出そうと各自が独自に追究する努力が学びで、そのために必要な情報を収集し思考する。

(4) 課題について、小グループなどで意見交換をする。その直接的な討論の結果を見解としてまとめ発表する。

(5) 各グループの発表をもとに、全体で意見交換をする。

(6) その過程で、教師が①既得の知識の確認と必要な知識の指導、②探究のために必要な手法の指導、③学習成果の体系化、といった指導を行う。

3．メディア・リテラシー教育の推進

学びのステップとは、要するに課題探究のための情報の操作ではないか。しかし、その操作はきわめてむずかしい。関係のある本としては何があるのか、必要なデータとしてはどのようなものがあり何を通してそれを得ることができるのか、直接的な調査・観察はどういう手段で可能なのか。複雑な課題がある。

過去において、人間はこの必要な情報収集にたいへんな苦労をし、真実の追究は困難であった。ところが、20世紀、コンピュータを中心とする多様な機器すなわちＩＣＴが革命的なスピードで開発され、多様なデータがいっきに収集できるようになった。こういう変化に、教育は対応しなければならない。

そこで、今、教育とくに国語教育に強く期待されているのが、メディア・リテラシーの育成ではないだろうか。リテラシーとは、文字を読み正確に理解し、思考し、そして自己の見解を文章化する能力などと理解され、これの育成は国語教育での重要な役割であった。しかし、今、多様な情報が多様な形態のメディアを通して瞬時にアクセスすることが可能になってきた。その結果、メディア・リテラシーの育成が国語教育に求められるようになってきたのではないかと私は考えている。

菅谷明子は、メディア・リテラシー教育で最先端をいっているとされるイギリスの教育の実態についてたいへん参考になる解説をしている（『メディア・リテラシー――世界の現場から』岩波書店）。そのなかから一文紹介させていただく。

> ロンドン大学のディビッド・バッキンガム教授は、「国語の目的は、自分が身を置いている文化を理解することにあります。そうした意味で、今ほどその意義が問われていることはありません。複雑になった現代文化について、いかに教えるかは大きな課題です」と語り、メディアを教えることの重要性を指摘する。（pp.22-23）

本書はこう紹介したうえで、イギリスではメディアについて国語（英語）の授業で学んでいるという実情を紹介している。

4．真のメディア・リテラシー

これからの国語教育への期待として、情報スキルではない真のメディア・リテラシーの育成をあげたい。真のメディア・リテラシーを次のように考える。

　直面する現実の課題を解決するため、関連の深い分野の多様な形態の必要情報をマルチメディアを通して収集し、個々の情報を的確に解析する。そして、その多様な情報を、人間社会はどうあるべきかという課題意識をもとに、自主的にそして他者と協働しながら、身体全体をつまり理性・感性を活用して総合的に理解する思考力・表現力

こうなると、総合的な学習の充実・教科の関連の強化も重要になる。このような新しい学習の方向での国語教育への期待がますます高まるであろう。

5．マルチメデイア普及での課題

文字が開発されたときを超える大きな変動が、今、地球上で起きている。文字はいったん開発されればその機能は本質的には不変であろうが、メディア・リテラシーの機能は今後も開発されるであろう。人間が思考する際に、メディア・リテラシーの役割は今後ますます重要になる。しかし、同時にマルチメディアの普及のもたらす課題のようなものはないのだろうか。これに関しても多様な見解があるが、高校教育という観点から３点だけ問題を指摘したい。

①読書の意義

国語教育では、読書の意義を教師は皆強調している。たしかに、今まで、多くの人が読書を通していかに生きるかを考えてきた。人にとって本は独特の存在であった。今、デジタル教科書導入の方向で審議が展開されているようであるが、読書の人間の生涯において占める役割が変化することはないのであろうか。このような動きも視野に入れ、青年期の学びとして読書をどう考えるかを、国語教育において検討し、方針を示してほしいと考える。

文部科学省教育課程課編集の『中等教育資料』(2014年11月号、学事出版）のなかの「高等学校国語の指導と評価の改善に向けて（４)」(初等中等教育局教育課程課教科調査官・大滝一登）という文のなかで、選択科目「現代文Ａ」その

ほかの科目の目標について示しているが、そこでは、「読書に親しみ」を重視している。この理念は国語教育としてきわめて重要だと私も考えるが、教科書デジタル化で課題が生じないであろうか。

②直接交流の大切さ

メディアの開発は、孤立化を防ぐ役割を果たすと期待されてきた。現実はどうか。この課題については、確実な解釈はない。「外向的な人はインターネット利用頻度が大きいほど孤独感がさらに低くなり、社会的参加が活発になったのに対し、内向的な人はインターネット利用頻度が大きいほど孤独感が増し、社会的参加が少なくなった」(橋本良明『メディアと日本人―変わりゆく日常』岩波書店、p.135) という解釈があるが、なるほどと思う。

筆者は、直接会って語り合うという人間独特の交流とメディア経由の交流とは異質のものと感ぜざるをえず、やはり、一種の孤独化とでもいうべき方向が出てきているのではないかということを憂慮する。

③感性の大切さ

筆者が今、直観的に最も危惧するのは、感性の衰退を招かないかというかことである。直接に本音で語り合う。自然に直接触れさわやかさ実感する。社会体験を行って温かな人の心に感動する。こういう経験が、今、日本の青少年の間で乏しくなっているのではないか。人間らしさの根幹は、真実そして善は何かを認識する能力と他者へ温かく対応しようとするやさしい心である。

つまり、理性と感性が人間らしさの基本である。マルチメディアの普及により、その大切な感性が育成される環境が急激に変化してきたのではないか。

6. 結　論

文字の開発を超える大きな社会変化が、今、起きている。課題に配慮しつつ、マルチメディアを有効に活用して、人間としての新しい学び、アクティブ・ラーニングを展開することが期待される。

5 アクティブ・ラーニングの技法（2）
―ワークショップ型授業―

1．問題の所在―変わらない国語の授業―

国語の授業の変革はなかなかむずかしい。授業の創意・工夫・改善が叫ばれてきたが、実際には国語の授業も含めなかなか授業は変わらない。なぜだろうか。よく、教師が変われば授業が変わるといわれる。しかし、実際には教師が変わってもなかなか授業は変わらない。なぜなら、「それは教科書が変わらないからである」と答えるのでは無責任かもしれない。私も教科書編集委員として、この十年程度教科書にもかかわってきた。実は教科書も少しずつ変わりつつあるのである。

しかし、それでも授業はあまり変わらない。大学や高等学校の入試のせいだともいわれる。しかし、AO入試や推薦入試も広がり、大学入試改革や高大接続の課題もあり、入試制度そのものも変わりつつある。それでも、現場の国語の授業はあまり変わらないのである。

それは、授業自体が今でも教科書中心（しかも、採択されるために、最強の教科書にほぼ横並びの編集姿勢？）で、しかも伝統的な国語授業への意識や文化的背景がそれを許しているからである。

2．ワークショップ型の授業の実際

今更でもないが、ワークショップとは、本来、作品制作などのための「作業場」や「工房」を意味するが、現代においては参加者が経験や作業を披露したりディスカッションをしたりしながら、スキルを伸ばす場の意味をもつようになっている。つまり、「研究集会・参加者に自主的に活動させる方式の講習会」のことである。

20年ほど前に米国で修士論文(1)の取材を行った。そのとき、まだ日本ではワークショップなどという語彙は使用されていなかった。しかし、米国ではす

でにワークショップ型の授業がおおいに推進されていたのである。

では、国語科教室におけるワークショップとはどのようなものであったのか。「ミネソタ州ミネトンカ公立学校国語科教育課程６－８学年」(1994カリキュラムガイド)(2)によれば、「ワークショップの方式を用いることにより、協力的な教室の雰囲気と自立的に自己の時間を組織することを生徒に啓発していくような、読書と作文での教室における日常的な課程を確立することができる」とある。これらは「読み書き関連のワークショップ」と名づけられていたが、この内容を同カリキュラムガイドから、概略を拾い出してみると以下のようになる。

①全体的な特色

1．一人でやるかグループでやるかは、教師の支えの下に選択することができる。
2．この雰囲気で教師は、一斉指導ではなく個人的に話し合うことができる。
3．これらの個人的な対話を通して、個々の生徒を知ると同時に適切な指導を計画することができる。

②具体的な方向

1．各自によって選択されたさまざまなテーマの文章を毎日のように書く。そのために多数の下書きや草案をつくり出して、そのなかの最もすぐれたものを自ら選んで発表したり、出版（公開）したりする。
2．各自の選択により、複数の本を選んで読書し、それについて作文、戯曲、絵画、そのほかのさまざまなメディアによって応答（response）する。
3．適当な機会をみて、特定の文学のテーマや、特定の種類の文章を生徒に紹介していく。特定の話題で書いたり、特定の題で読んだりすることもある。
4．読み書きは切り離されず、お互いに補足しあい、統合しあうようにする。言語技能は、読み書きの過程の一部分として学習される。
5．ワークショップの方法によって指導をするときは、毎年、毎月、毎日、毎時間、慎重に計画を立てていく。
6．プロジェクトを創造し、アイデアを探索し、経験を明確化するために必要な時間を生徒に提供する。
7．作文や読書について、そのコメントを求められるという言語的経験をする。
8．一般的に、生徒は自ら作文の話題を選択し、好きでない作品は破棄するためにもできるだけたくさんの下書きや草稿をつくり、最終的に最もよい作品を選んで磨き上げ、人に紹介していく。
9．生徒は、読むべき本、書くべき作文ノート、収集し整理するポートフォリオ、つくり出し、そして分かち合うプロジェクトをもつ。
10. 生徒は、図書館、コピー機、コンピューターを自由に用いる。

11. 教師は、生徒に期待することと同じ行為をし、読んでいる本や書いている作品をどのように教師が取り扱っているかを具体例として見せ、手本とする。
12. 教師の手本は、読み書きに関する生き方—言語を学び使用することに対する満足感と挑戦の姿勢—をも含むものである。

③機能と可能性

1. 「読み書き関連のワークショップ」はよく機能する。なぜなら、最初の1カ月で「予想し得る日常課程」(predictable routines) がつくられるからである。
2. よくできた日常課程は生徒に自立的に仕事をする機構（システム）を提供する。
3. 一般にそれらの課程には、ミニレッスン、生徒が何をやっているかを点検すること、グループの話し合いの時間、読み書きのための静かな時間などが含まれる。
4. 生徒たちが仕事をしている間、われわれは一人ひとりの生徒の向上の状況を確認し、示唆し、必要に応じて日程を割り振り、情報源や必要な助力を手配し、支援する。
5. 教師は生徒たちの間で仕事をしながら、協力とお互いへの尊敬を基盤とした心地よく脅威のない雰囲気の教室を確立する。かくして、日々の授業は「予想し得る課程」ではあるが、けっして退屈なものとはならない(3)。

このような授業を実際に見てきたのであるが、現在も日本の国語教育にはこのような学びの場はきわめて少ないのではないか。

3.「ワークショップ方式」で国語科の授業を組織

ワークショップ方式により、生徒と教師には次のような経験が与えられる。

1. 課題に向けて、生徒には何を書き、何を読むかの広範な自由が与えられる。
2. 教師は、課題に向けて同一の方向性をもつ生徒の学習組織を組み立てる。
3. それにより、教師には個々の生徒の状況と進度を確認し、個別の生徒一人ひとりに対する方法を指導するための時間が与えられる。
4. 「ワークショップ方式」は、一斉に行う国語科教室のなかで個別的な学習を促進させるための「機構」（システム）である。
5. その機能は、創作・制作主体としての生徒とそれをさまざまに援助・示唆する教師のともに働く場（「ワークショップ」）である国語科教室を生み出す。

ここでは、ワークショップ方式の導入により、国語科教室の指導・被指導というパラダイムを変革し、作品創作とその支援関係を組織する場としての国語科教室の確立を意図していることが理解できる。

イメージ的には、美術・技術家庭・体育・音楽などのように、作品の創作・技能の向上を目的とする言語活動（ランゲージ・アーツ）をめざすことになる。つまり、実作の場としての国語科教室なのである。

4．ワークショップ型授業での生徒の実態

教室で教師（ジェリー・バートー）の姿を追いかけていた筆者に向かい彼は言った。これにより、筆者は生徒に視点をあて始めたのである。

「カズオ、私の後ばっかり追いかけていても何もわからないよ。もっと生徒の様子を撮るとよい。私が何をやっているかはすぐにわかるはずだよ。彼らのために必要なアドバイスを、彼らの求めに応じてやっているだけだから。教室で研究しようとするなら、生徒がどう動き、どのように取り組んでいるかのほうが、教師がどう教えているかよりはずっと重要なのだよ」。

彼にこのように言われて、次の時間は生徒を中心にカメラを回した。すると、「カメラを回してばかりいては、本当のところはわからないでしょう。もっと生徒にインタビューをしてみるとよい」。

「でも、コンピュータ・ラボでのエッセイ・テスト中だから」と言った筆者に、彼は答えた。

「テストだからといって、そんなに気にしなくてもいいよ。最初に生徒に話しかけて、了承をとれば問題はない。忙しければ後でと言うだろう。けれど、生徒はあなたのことを知っているし、自分の作品ややっていることについては、きっと喜んで進んで話してくれるはずだよ」。

実際に、思い切って声をかけるとそうだった。最初に「ちょっと話していいかな」という会話から始まる筆者の姿勢は、生徒に対するものというよりも、むしろ一人の大人に対するそれであり、そうすると彼らは本当に親切にいろいろと「教え」てくれた。筆者は、自分の姿勢が自然に変化することに気づいた。作品についても、たしかにその出来具合には違いがあるが、むしろそれは、量や質の違いであるというよりも、種類や方向の違いであり、個性の違いであった。また、生徒が自分の作品の良い所と悪い所を実によく知っていることにも

驚いた。きわめて冷静に自分の作品に対応しているのである。

目立って身体の大きなジェイクは次のように語った。

「僕は、何といってもバスケットボールが死ぬほど好きだから、この研究調査ではもちろん徹底的にそれを研究してみたんだ。つまり、現役の選手のこと、その人たちのプレイの特色や長所・短所、それから性格に至るまですべて。それにバスケットボールの歴史、いつ始まり、どう発展したのかなど、それからどうすればそれがもっとうまくなるかとかね。それで、今までわからなかったようなことがたくさんわかったし、本もそれはたくさん読んだよ。とくに、今までつまらないと思っていた歴史なんかはおもしろかったぜ。これを僕は、子ども向きの解説書にしたてて、小学生がバスケットボールをやるときの参考になるような本にするんだ。それから、現役のバスケットボール選手を主人公にした半分本当の物語で絵本をつくるよ。まあ、今回の国語はきっといい成績が取れるだろうなあ」。

熱っぽく語る彼は、今まで体育以外の教科には目もくれなかった学級のボスだという。だれも彼には逆らえない。体が大きくて、ちょっと乱暴そうだから。けれども国語の授業に関しては、彼は実に熱心で、筆者との対応もきちんとしていた。ジェリーはこう付け加えた。

「もし、普通の作文や国語の授業をやっていたら、私はきっと大変だったろうなと思う。でも彼の集中の度合いを見たでしょう。それで、ほかのいたずらな連中も、彼がやっているなら、ということで、自分の調査研究を見つけるようになったんだ。彼に追随してバスケットボールについて調べている子がいるけれど、まあ、しょせんは二番煎じで彼のようにはいかないだろうね。でも、彼のおかげでフットボールについて詳しく調べるようになった生徒もいるんですよ」。

実際に、筆者もワークショップ型の授業を自分でも実践したことがある。そのときの記録は全日本中学校国語教育研究協議会や日本国語教育学会で発表し、好評を得た。

5．ワークショップ型授業での教師の役割

さて、このように生徒の作品制作や研究調査を中心とする国語科教室においては、教師の役割は生徒とその作品制作に対する「理解と援助と啓発」であり、教師はそのような主体を自ら形成することに努めなければならない。では、その形成されるべき新しい主体としての教師は具体的にどのようなものとなるのか。それを次に論じたい。

①ワークショップのデザイナー、運営・経営者としての教師

・ワークショップにふさわしい物理的な教室環境をつくり上げる様努力する（机や椅子の配置、リラックスできる備品の準備、壁のポスター、制作作品の展示、保管など）。

・ワークショップに参加する作家＝生徒の意識を高め、教室を自らの「場」にする。

・生徒が作品制作に打ちこめるように、あらゆる準備をして教室を整える。また、制作に伴う図書、備品、道具、消耗品などは可能なかぎり教室のなかに用意し、それにアクセスする方途を準備する。

・生徒の人間関係をよく把握し、作家＝生徒のグループを理解・援助する。

・作品制作や研究プロジェクトが中心となるので、その作者＝生徒を最大限尊重する（言葉づかいや雰囲気など作家＝生徒の誇りを大切にし、啓発して、お互いに著作者たること（authorship）が認められるようにする）。

②編集者・編集長としての教師

・編集者＝教師は、作家＝生徒の潜在力を発見・啓発し、より優秀な作品を世に出す。

・編集者＝教師は、作者＝生徒の問題意識を研磨させ、その結実を信じ、援助し支える。

・作家＝生徒の悩みや苦悩についてよく理解し、それに適切な援助・助言を与える。

・作品制作や研究調査の締切を提案し、その計画の実行を促し、励まして、作品や研究調査の実現に努力する。

・相互に編集者となることができるように、作品の校正や編集の仕方、作者への前向きなアドバイスの方法などを身につけさせる。

③媒介・仲介者としての教師

・ワークショップたる教室と外界（社会）を結ぶ、仲介や媒介をする。

・人間関係の調整と、その研究や作品が必要とする人材や情報を提供しうる場を教える。

・図書館や博物館の職員のように、さまざまな情報について知り、集め、展示や陳列をして、けっして一人では発見できたり探し出したりできないものを提供する機会を与える。

・作品出版の大切さとその手続きを知らしめ、実際に出版することを啓発する。

これらをまとめると、教師は次のような役割や機能をもつことになるといえよう。

①物理的環境の整備と準備：教室環境・自らの「場」・備品・道具・消耗品など
②情報・資材・関係機関の斡旋と仲介：言語技能・文芸技巧・表現様式・校正・編集
③方法と手続きの提供と相談：読書・作文・作品制作・研究調査・出版
④雰囲気・人間関係・自己実現の調整と促進：発見・理解・啓発・援助・支援・開発

6．アクティブ・ラーニングとしてのワークショップ型授業と教師の役割

アクティブ・ラーニングの実施に伴いワークショップ型授業が見直されることを期待しているが、これまで述べてきたように国語科の授業改革がなかなか進まないなかで、紹介したワークショップ型授業がすぐにできるようになるとは正直思えない。

しかし、次のような教師の役割は比較的現状のなかでも可能ではないかと思われる。ここでのまとめとして示しておきたい。

1．一人ひとりの生徒の学習進捗状況と課題（最終イメージ）を個別に把握すること（個別的指導計画やカルテ開発）。

2．モデルとなる作品を自ら提示したり、指導した結果生まれた成果物を示したり、公開したりできること。

3．一人ひとりの興味・関心・意欲を喚起できるような具体的な目標、個別的な指導助言、支援ができること。

4．学習集団の質を高めるための雰囲気づくり、学習規律（ルール・マナー・モラル）の指導ができること。

5．生徒の学習力を信じ、的確な働きかけを行うこと（そばに座って指導する姿勢（Side by Side）(4)生徒に寄り添う）。

注

（1）吉田和夫「国語科における言語教育行為の可能性についての考察―米国ミネソタ州ミドルスクールにおける事例の検討を中心に―」1994（平成6）年、2016年2月復刻版発行（一般社団法人教育デザイン研究所）必要な方にはデジタル版の提供可能（資料代必要）

（2）同上、pp. 62-63

（3）同上、pp. 59-60

（4）Nancie Atwell Side by side: essays on teaching to learn Heinemann, 1991　ナンシー・アットウェルは米国の有名な教育者であり、1987年に米国で発売されたIn The Middleはきわめて評価が高い。日本の大村はまのような教師で、2015年グローバル教育賞を受賞した。In The Middle: New Understandings About Writing, Reading, and Learning（1987）

コラム④　アクティブ・ラーニングと日本語教育

日本語教育の世界では、国語教育のようにアクティブ・ラーニング型授業への変革が叫ばれてはいない。それはなぜか。すでにそういった授業が行われているからである。アクティブ・ラーニング型の授業を次のように定義するのであれば、日本語教育においてアクティブ・ラーニング型の授業が始まったのは1990年頃だと思われる。

> 一方向的な知識伝達型講義を聴くという（受動的）学習を乗り越える意味での、あらゆる能動的な学習のこと。能動的な学習には、書く・話す・発表するなどの活動への関与と、それに生じる認知プロセスの外化を伴う。（溝上、2014、p.7）

日本語教育における受動的学習から能動的な学習へのパラダイムシフトは、オーディオ・リンガル・メソッド（以下、ALM）からコミュニカティブ・アプローチ（以下、CA）の移行時に起きたと考えられる。それを理解するためにも、まず教授法の歴史的流れを振り返っておきたい。

日本語教育の教授法は、米国の語学教育の教授法の影響を受けながら発展してきた。その歴史は、欧州で伝統的に行われていたギリシャ語やラテン語を読むための文法訳読法に端緒をなす。文法翻訳法は、文法項目や語彙項目の説明を教師が学習者の母語で行い、学習者が学習言語を母語に翻訳することによって、文法や語彙が習得できたのかを確認する方法である。文法翻訳法は、書き言葉の理解という言語能力の一部分しか育成しないにも関わらず、外国語教授法として17世紀以降、長く支持されてきた。ラテン語がもともと書き言葉のみの言語であったこと、当時の外国語教育はエリート養成の側面が強く、権威ある書き言葉を外国語学習の対象にしていたこと、講義形式での授業に適していたことなどが文法訳読法が支持された理由であった。

第二次世界大戦中（1940年代）の米国では、情報収集のために日本語を使える人材の育成がめざされ、アーミー・メソッドが生み出された。アーミー・メソッドでは、日本語と英語の構造の違いを理解させるための講義と、スムーズな発話を促すための口頭練習の組み合わせで授業が進んでいく。口頭練習では、習得すべきモデル文型が提出されたあと、それらを定着させるための反復練習が徹底的に繰り返された。このアーミー・メソッドが後にALMとして確立さるのである。

日本の英語教育では、上述の文法訳読法とALMが混在した形で授業が行われてきた。ALMの教科書は文法項目を中心に編纂され、やさしい項目からむずかしい項目へと課ごとにレベルアップしていく。モデル文型の習得のために、多くのドリルが用意され、学習者はパターン練習を繰り返す。多くの発話ドリル、記述ドリルが用意されているため、ALMも「書く・話す活動への関与」からアクティブ・ラーニング型授業といえるのではないかという意見もありそうだが、筆者はそのようには考えない。ALMにおいて、学習者が行う発話や記述は機械的なものであり、その能動性に疑問が残るからである。ALMが依拠する理論は、構造主義言語学と行動心理主義心理学であり、言語習得は習慣形成によってなされると考える。また、授業は教師主導型であり、学習者の誤りは徹底的に排除されるべきだとも考えらえた。厳しい習慣形成は言語習得を促す面ももつが、コミュニケーションを阻害する場合もある。

具体的な例として筆者の体験をあげてみたい。27歳のときに、カナダの大学の日本語クラスのティーチング・アシスタントをするために渡加した。1970年代に中学校で英語を学び始め、大学２年生まで８年間日本で英語学習を行った世代である。中学校時代は、授業開始前に全員で起立し、教師からの “How are you everyone?” に “I'm fine thank you and you?” と返すことを求められていた。カナダの大学で働き始めると、朝、スタッフが笑顔で挨拶をしてくれる。“How are you?” という問いかけには英語教育のおかげでスムーズに答えられたが、“What's up?”や “How's it going?” という耳慣れないフレーズには、“Once more please?” と聞き返しつづけ、怪訝な顔をされていた。27歳の社会経験もある大人であれば、それが単なる挨拶であると見当がつきそうだが、“How are you?” の呪縛は強かったのである。さらにある日、体調を崩して病院に行くと、“How are you?”と医師に問われた。“I'm fine thank you and you?” と自動的に応えると、医師は笑い出し、「どうしてここに来たの？」と聞かれて初めて「具合はどう？」と問われていることに気づいた始末であった。

こういった機械的な反応を生み出すALMへの批判から生まれたのがCAである。CAはALMに比べ、教授法としての確立度が低い（そのため、メソッドではなくアプローチが用いられている）ため、その定義がむずかしいといわれている。定義に揺らぎがあることを理解しながら、以下を読んでほしい。CAでは文法項目の習得よりも意味の伝達が重視され、学習者主体の能動的な教室活動が推奨される。教師は、学習者のコミュニケーション活動を支えるための役割―（たとえば、ロールプレイにおける場づくりなど）を期待される。また、学習者の生み出す誤りは必要不可欠なものとされ、ALMのような徹底的な修正はなされない。学習者は自ら伝えたいことを考え、それを伝えあうことを求められる。ピア・レスポンス（学習者同士でお互いの作文を読みあい、コメントしあうことで、よりよい推敲活動を可能にする作文の学習方法）などの協働学習が好まれる。

しかしながら、意味の伝達重視のCAでは、正確な文法習得ができないという批判も生まれた。そこから出てきたのがFocus on Form（以下FonF）の考え方である。学習者の誤りを教師が明示的に修正する即時的FonFと、教師が習得言語形式の見通しを立てておく事前計画的FonFがあるが、両者とも学習者の認知プロセスへの働きかけであり学習者に自身の活動に対する内省を求めるのもその特徴である。CAにFocus on Forms（FonFの集合体として複数形を用いる）を取り入れるプロセスは、まさしく溝上の示す「能動的な学習には、書く・話す・発表するなどの活動への関与と、それに生じる認知プロセスの外化を伴う」が行われているのである。

以上のように、日本語教育においては、アクティブ・ラーニング型の授業への変革が、教授法の変容によって行われてきたことがわかる。

・溝上慎一（2014）『アクティブラーニングと教授学習パラダイムの変換』東信堂

おわりに

最初に、貴重なお時間を割いて戴き、論考をおまとめ戴き、玉稿をご提供いただいた、全国各地の先生方や研究者の方々にまず感謝いたします。

先生方が授業や研究の合間に、新しい授業の工夫・改善・開発、そして改革に、また新しい授業づくりへの支援に取り組んでいらっしゃることが、論文を通してよくわかりました。また、同時に全国の多くの先生方に、この研究と実践の融合である本著をお届けできることに、監修者として大きな喜びを感じる次第です。

本著を、日頃より尊敬する研究仲間であり、大学での実践者である稲井達也先生と一緒に出せることは、実践に寄り添い、常にそれを対象化して検討してきた私にとって大変光栄なことです。

二人でこの本の企画を検討したときからこれまで、実に多くのいわゆる「アクティブ・ラーニング」の本が出版され、書店に並んでおります。しかし、現段階ではその多くは理論書であり、実践者からの提案はまだまだきわめて少ない状況だと思われます。

教師に必要な研修は「研究と修養」であるといわれます。しかし、どちらかといえば「修養」に傾きがちな教育現場にとって、実践に結びつく研究的視点の提供、実践から立ち上がった研究、これらはまだまだ少ない状況だと思われます。

すぐれた実践者の研究的な取り組みと、実践に向かって開かれ機能する研究、主体的・対話的で深い学びである、いわゆるアクティブ・ラーニングについての「研究と実践の融合」がこの本を通して少しでも、全国の授業改善に向かう先生方や教職をめざす学生の皆さんに届けられればと思っています。

実践や研究は日進月歩です。今年すぐれた実践や研究も、残念ながら次の年には十分機能しなくなるということもないとはいえません。それは、対象である児童・生徒・学生が常に変わり、また異なるからです。その意味で、私たちの研究とすぐれた実践の追求は、今後も終わることのない学びの営みとなることと思います。

このような意味で、私たちの姿勢をご理解戴き、この本を出すことに積極的にご尽力いただきました学文社の二村和樹様に、心からの敬意を表するとともに、深い感謝の念をお伝えしたいと存じます。

また、この本をお読みになった読者の方々が、今後私たちとともに、次の新たな実践や研究を共有できる場と機会が得られることを願い、巻末の言葉とさせていただきます。

編著者　吉田 和夫

索　引

ATC21S　3
DeSeCo プロジェクト「コンピテンシーの定義と選択：その理論的・概念的基礎」 3
DP　123
IB　112
ICT　180,182
OECD（経済開発協力機構） 2,3
PISA（国際学習到達度調査） 2
SNS　91
TOK（知の理論） 117

〈あ行〉
アイデアノート　120
アウトプット　68,71,136-138
アクティブ・ラーニング　4,12,51
アナログツール　176
アーミー・メソッド　193
意見文　90
石井順治　173,175
イーゼルパッド　178-180
一方的な講義形式　5
インターネット　63,165,169
インターネット利用頻度　184
インタビュー　176
インタビュー法　178
インプット　68,136-138
エキスパート　144
エキスパート活動　129
オーセンシティ　35,36
オーセンティック　32-35
オーディオ・リンガル・メソッド（ALM） 193,194
音声言語　173

〈か行〉
解釈の妥当性　119,123
甲斐雄一郎　16
学際的（領域横断型） 34
学習規律　192
学習言語　193
学習財　181
学習センター　165
学習パラダイム　5
学習プロセス　166,170
可視化　92,95
課題　79,170,172,181
語り手　116
学校司書　165
学校図書館　164,165,171
学校図書館メディア　169
カリキュラム・マネジメント　7,10
漢字・語彙指導　23,26
鑑賞　156
鑑賞文　90
感性　74,167,184
聞き合い　10
キー・コンピテンシー　3
記述ドリル　193
木村孟　14
教育課程企画特別部会　4,15,18,166
教材　181
教室ディベート　100,105
協同的な学び　21
協同的な学びの技法　21
グループセッション　52,53,54,55,173
グループフォルダ　177
グループワーク　5,168
グループ・ディスカッション　5,120
クロストーク　128,130,131
グローバル化　1
グローバル人材　108
系統的指導　26
言語活動　14,18,21
「言語活動」と「アクティブ・ラーニング」の違い　18
言語活動の充実　12,14,17,18
言語発達　27,28
構造主義言語学　193
行動心理主義心理学　193
国際バカロレア　116

5W1H　107
コミュニケイティブ・アプローチ（CA）　193，194
コミュニケーション　131
コンピテンシー　7,36

〈さ行〉
ジグソー活動　128,129
ジグソー法　66,68,69,71,142,144,173
ジグソー方式　179
思考力・判断力・表現力　166
思考力・判断力・表現力等の育成　13,14,16,17
自己評価　111,113,120,128,130,131,170,171
自己評価表；自己評価用紙　71,79
事実と意見　148
資質・能力　4,166,169,171
司書教諭　165
実作　156,157
質的研究法　176
質問（する）力　110,131
市民科　21
市民性　21
習得・活用・探求　166,170
授業デザイン　7,8,124,167,170
主体的、協同的な学習活動　18
主体的な学びの過程　5
小学校から中学校への接続　20
象徴性　116,123
情報化社会　95
情報活用能力　170
情報センター　164
情報リテラシー　176
序論・本論・結論　58
進出大学　25
真正な学び　32-34
真正の学習　34
真正の評価　34
人物相関図　52,53,54,55
推敲　156
スキット・ロール　101
スキル　4
砂川有里子　106,107
省察　10
精読主義　165
相互作用　119
相互批評　79,120,128,137,138
創作　156
創造性　156,157
想像力　100
創発性　8

〈た行〉
対話　81,131
妥当性　58,123
田中孝一　12
探求活動　140,169,170
探求心　172
知識・技能　166
知識基盤社会　2
知識伝達型講義　5,193
中央教育審議会答申　13
著作者　190
ディープ・アクティブラーニング　168
ディスカッション　119,120,134,139,141
デイビッド・バッキンガム　182
ディプロマ・プログラム　116,117
ディベート　5,100-102,173
テクスト　119,120,123
デジタル教科書　183
データベース　165
伝記　42,45,49
問い　9
読書　164,183
読書活動　60,63
読書財　164,165
読書生活　46
読書センター　164
図書館資料　165
読解教材　25

〈な行〉
内容知　167,169,171
21世紀型スキル　3
21世紀型スキルの学びと評価プロジェクト（ATC21S）　3
21世紀型能力　3
2008（平成20）年度学習指導要領　6,13
2009（平成21）年版学習指導要領　13
日本語教育　193

認知プロセスの外化　5,193,194
能動的な学習　5,193
ノートの書き方　83

〈は行〉
発話ドリル　193
パブリック・スピーキング　100,102,104
バブル経済　1
パラダイムシフト　193
反転学習　98,101
汎用的（な）能力　3,5,7
ピア・レスポンス　194
批判　93,95
批判的（な）思考力　44,156,157
批評　90,95
批評文　61,90,93,95
表現技法　82,116
ファシリテーション　123
ファシリテーター　8,9, 119,120,123
深い学びの過程　5
ブックトーク　165
プレイ・インタビュー　101
プレゼンテーション　101,102,134,138-141
プロジェクト型の学習　35
文の区切り方　106,107
文法指導　106,107
文法翻訳法　193
文法用語　106
ペアワーク　120,168
並行読書　164
並行読み　45
ベネディクト・フライ　1
方法知　167,169,171
ポートフォリオ　36
ポスト産業社会　1
ホットシーティング　58,60,61,63
ホール・ランゲージ　35

〈ま行〉
マイケル・A・オズボーン　1
松下佳代　168
学びの技法　8,9,168
マルチメディア　181,183,184
見える化　10,137
溝上慎一　193,194
メタ言語能力　107
メタ的　119,141
メタ認知　36,167,170
メタファー（隠喩）　116,119,123
メディアリテラシー　165,176,182,183
メディア・リテラシー教育　182
メール　91
モデル文型　193

〈や行〉
幼稚園、小学校、中学校、高等学校及び特別支援学校の学習指導要領等の改善について　13
読み書き関連のワークショップ　186,187

〈ら行〉
リテラシー　182
リハーサル　147
リフレクション　10,173,174
リフレクションシート　175
ルーブリック　151,153
レファレンスサービス　165
ロールプレイ　194
論点整理　4,5,22,166,169
論評（コメンタリー）　119
論理的技術　103
論理的言語技術　29

〈わ行〉
ワークシートの欠点　83
ワークシートの利点　83
ワークショップ　177,185,190,191
ワークショップ型授業　185,186,189,191
ワークショップ方式　187
ワールドカフェ　179,180
ワールド・カフェ方式　173

編著者

稲井　達也（いない　たつや）

1962年、東京都生まれ。日本女子体育大学教授、附属図書館長。博士（学術）。専門は国語科教育、学校図書館。上智大学文学部国文学科卒。東洋大学大学院、筑波大学大学院修了。東京都立小石川中等教育学校など４校で国語科教諭、東京都教育委員会指導主事を経て現職。東洋大学、上智大学、横浜国立大学、慶應義塾大学で中学校・高校国語科教員養成科目の兼任講師を務める。
主な著書：『高校授業「学び」のつくり方―大学入学共通テストが求める「探究学力」の育成』（東洋館出版）、『世界から読む漱石「こころ」』（共著／勉誠出版、2016年）、『IFLA 学校図書館ガイドラインとグローバル化する学校図書館』（共訳／学文社、2016年）、『これならできる！楽しい読書活動』（編著／学事出版、2015年）、『授業で活用する学校図書館―中学校・探究的な学習を目ざす実践事例』（編著／全国学校図書館協議会、2015年）、『新・介護等体験・教育実習の研究』（共著／文化書房博文社、2008年）など。

吉田　和夫（よしだ　かずお）

1952年、東京都生まれ。玉川大学教師教育リサーチ・センター客員教授、一般社団法人教育デザイン研究所代表理事、前全日本中学校国語教育研究協議会会長。和光大学卒。上越教育大学大学院修了。千葉県・東京都の国語科・英語科教諭、品川区及び東京都教育委員会指導主事、杉並区立大宮中学校副校長、八王子市立城山中学校・新宿区立四谷中学校校長を経て現職。
主な著作：『なぜ、あの学校は活力に満ちているのか？プロジェクト型経営のススメ』（単著／東洋館出版、2015年）、『なぜ、あの先生は誰からも許されるのか？』（単著／東洋館出版、2013年）、『これならできる！楽しい読書活動』（編著／学事出版、2015年）、『言語活動モデル事例集』（共著／教育開発研究所、2011年）、『映像で学ぶ校内研修教材 DVD　Vol. 3～5（ワークショップ型研修用）』（監修／学事出版、2014年）など。

主体的・対話的で深い学びを促す
中学校・高校国語科の授業デザイン
―アクティブ・ラーニングの理論と実践―

2016年11月１日　第１版第１刷発行
2019年１月30日　第１版第２刷発行

編著者　稲井 達也
　　　　吉田 和夫

発行者　田 中 千 津 子　〒153-0064　東京都目黒区下目黒３-６-１
電話　03（3715）1501 (代)
FAX　03（3715）2012
発行所　株式会社 学 文 社　http://www.gakubunsha.com

印刷　亜細亜印刷
乱丁・落丁の場合は本社でお取替します。
定価は売上カード，カバーに表示。

ISBN 978-4-7620-2672-0